Gartengestaltung mit Kräutern

Gartengestaltung mit Kräutern

Emelie Tolley und
Chris Mead

DUMONT

Ebenso von Emilie Tolley und Chris Mead bei DUMONT erschienen:
Kräuter: Gärten – Küche – Dekors

Aus dem Amerikanischen von Susanne Reichert

Die Deutsche Bibliothek – CIP-Einheitsaufnahme

Gartengestaltung mit Kräutern / Emelie Tolley und Chris Mead.
[Aus dem Amerikan. von Susanne Reichert]. – Köln: DuMont, 1996
Einheitssacht.: Gardening with herbs <dt.>
ISBN 3-7701-3695-0
NE: Tolley, Emelie; Mead, Chris; Reichert, Susanne [Übers.]; EST

Originalausgabe unter dem Titel „Gardening with Herbs",
publiziert von Clarkson N. Potter, Inc.,
201 East 50th Street, New York, New York 10022

Redaktion der deutschen Ausgabe: Werkstatt Gillhofer, München;
Satz: Rainer Reichert, Werkstatt Gillhofer.
Printed in China

ISBN 3-7701-3695-0

Für meine Schwester Myra, deren Liebe zum Garten mich inspirierte. - E.T.
Für Emelie, weil ihre grandiosen Erkenntnisse und Texte unsere Bücher zum Erfolg geführt haben, und weil sie Kräuter als Lebensart begreift. - C. M.

Danksagung

In dieses Buch ist das Wissen und das Wohlwollen so vieler Menschen eingeflossen während der mehr als fünf Jahre, die wir daran gearbeitet haben, daß wir an dieser Stelle nicht jedem einzelnen danken können. Immer wieder waren wir gerührt von der Großzügigkeit der Menschen, deren Gärten wir besichtigen durften, und die uns an ihren Gedanken, ihren gärtnerischen Fähigkeiten teilhaben ließen und uns ihre Lieblingsgärten zeigten. Zwar sind nicht alle Gärten, die wir besichtigt haben, in diesem Buch aufgeführt, aber Freundschaften und Erkenntnisse, die wir durch sie gewonnen haben, sind in unsere Schilderungen mit eingeflossen; und deshalb sagen wir allen Besitzern ein aufrichtiges Dankeschön.
Besonderer Dank gebührt auch den vielen lieben Freunden, ohne deren Hilfe wir unsere Reisen zu fernen Gärten unmöglich hätten planen und durchführen können: Alan und Dorothy Jones und Margery und Edward Dines in England; Jacqueline Horscher-Thomas und Christopher Petkanus in Frankreich; Dulcey Mahar in Oregon; Linda Veffer in Ohio; Audrey Julian in Pennsylvania; und Jimmie Cramer in Maryland. Und natürlich sind wir all unseren Freunden und Kollegen bei Clarkson Potter dankbar, die unser Werk in dem endlosen Prozeß von der Herstellung bis zum Verkauf betreuten: Lauren Shakely, Howard Klein und Jane Treuhaft, besonders aber unserer Lektorin, Pam Krauss, und ihrer fähigen Assistentin Anne Tamsberg, außerdem Adriane Stark, deren schönes Design unser Material so wundervoll aufbereitet hat.

Inhalt

OBEN: Ein rundlicher Hochstamm markiert eine Ecke von Anne Cox Chambers' französischem Küchengarten.

LINKS: Der Kräutergarten in Fort Vancouver.

Einführung

Gartenarbeit ...

... mit Kräutern macht Freude. Früh am Morgen durch den Garten schlendern, wenn Tautropfen zwischen den gefältelten Blättern des Frauenmantels hängen, um die Mittagszeit einen von Lavendel gesäumten Pfad entlanggehen, eingehüllt in den berauschenden Duft, den die Sonnenwärme freisetzt, oder einfach beim Unkrautjäten in der Hitze des Tages an einem erfrischenden Minzeblatt kauen – das ist nur ein kleiner Ausschnitt aus der lustvollen Erfahrungswelt der Kräutergärtner.

Als Chris und ich vor zwölf Jahren unser erstes Buch *Kräuter: Gärten – Küche – Dekors* vorbereiteten, begannen viele Menschen gerade zu entdecken, wie dankbar diese Pflanzen sind.

Kräuter säumen den schmalen Pfad in Mary Flegles Küchengarten.

Einführung

Man fing an, selbst Kräuter anzupflanzen, die getrockneten Blüten und Blätter zu duftenden Potpourris und wunderschönen Kränzen zu verarbeiten und Gerichte mit den scharfen Blättern oder farbenfrohen Blüten frischer Kräuter zu beleben. Seitdem haben sich viele Tausende von diesen entzückenden Pflanzen verzaubern lassen, und man weiß mittlerweile weitaus mehr über ihren Nähr- und Dekorationswert. Viele erkannten, daß man sich auch außerhalb des traditionellen Kräutergartens an der Schönheit und dem Duft der Pflanzen erfreuen kann. Auch mit wenig Platz braucht man auf Kräuter nicht zu verzichten. Der Phantasie sind keine Grenzen gesetzt: Ein paar duftende Pflanzen machen sich hübsch in Rabatten und Steingärten; Kräuter eignen sich auch als Bodendecker, und ein schattenspendender Garten wird damit vielseitiger. Sie können eine Hecke bilden, über eine Laube oder eine Mauer wachsen oder einfach in Kübeln sprießen.

Zu den Kräutern zählen weitaus mehr Pflanzen als die bekannten Küchenfavoriten. Früher machte man kaum einen Unterschied zwischen den Kräutern und Blumen in Kloster- und Landhausgärten: Man zog sie, weil sie nützlich waren. Scharfschmeckenden Thymian und Salbei beispielsweise schätzte man wegen ihrer antiseptischen Eigenschaften und des würzigen Aromas. Gartenlieblinge wie Fingerhut, Wucherblume, Malve und Päonien waren bewährte Heilmittel; Haus und Hausherrin dufteten nach Rosen, Lavendel und Gartennelken. Viele unserer winterharten Pflanzen galten früher als Kräuter. Schafgarbe und Monarde blühen den ganzen Sommer über; silbrige Kräuter wie Beifuß und Wollziest machen den Garten abwechslungsreich und harmonisch; ein großer, bronzefarbener Fenchelstrauch oder eine üppig blühende Heckenrose sorgen für Struktur und Farbe; hohe Kräuter wie Engelwurz und Eisenhut machen sich sehr schön im Hintergrund einer Rabatte, während sich Katzenminze und Frauenmantel eher für die Gestaltung der Ränder eignen. Außerdem sind alle diese Pflanzen weitaus unempfindlicher als viele Blumen. In einem schattigen Garten gedeihen verschiedene Minzearten, Zitronenmelisse, Süßdolde, Wollziest, Kerbel und Petersilie prächtig.

Für jeden Garten ist ein Kraut gewachsen. Als Bodendecker sind Kräuter unübertroffen. Die Kamille bedeckt schnell brachliegende Flächen, auch im Halbschatten. Der Waldmeister mit seinen Blattwirteln und den winzigen weißen Blüten breitet sich unter Bäumen aus, wo Gras nur schwer Halt findet. Veilchen sind ebenfalls Schattenpflanzen. Wenn sie angenehme Bedingungen vorfinden, sind sie nicht zu bändigen und breiten sich gerne unter Bäumen oder sogar im Gras aus. Attraktive und widerstandsfähige Pflanzen für sonnige Flecken sind die wollige Schafgarbe mit ihren silbrigen Blättern und hellgelben Blüten oder kriechende Thymianarten.

Kräuter lassen sich auch zu prächtigen Hecken ziehen. In warmen Gegenden wachsen Lorbeer und Rosmarin in dichten Reihen fast zwei Meter hoch. Für exakt zugeschnittene, niedrige Hekken nimmt man normalerweise Buchsbaum, doch Edelgamander, Ysop und Heiligenkraut lassen sich ebenfalls dicht nebeneinander pflanzen und dann fein säuberlich in Form schneiden. Auch Lavendel ist geeignet, und es gibt nichts Schöneres als eine blühende Lavendelhecke in einem Rosengarten. Und von den Rosen wachsen bestimmte Kartoffel-, Moschus- und Polyantharosen zu einer wunderbaren, aber undurchdringlichen Blütenwand zusammen.

Kräuter ergeben auch eine wirkungsvolle Einfassung. Es sieht herrlich aus, wenn Frauenmantel, Katzenminze, Lavendel, Wollziest, silbriger Beifuß oder niedrige Rosen über eine Rabatte oder einen Weg wuchern oder eine Vogeltränke einrahmen.

In der Provence verwendet Jean Mus Thymian als Bodendecker auf einem terrassierten Garten.

Mediterrane Kräuter wie Wollziest und Heiligenkraut gedeihen in der Provence prächtig.

Einführung

Kräuter sind in der Pflege recht anspruchslos, was ihre Attraktivität als Gartenpflanzen sehr erhöht. Sie ertragen Trockenheit, sind krankheitsresistent und für Gartenschädlinge uninteressant. Einjährige Pflanzen wie Basilikum, Boretsch, Koriander und Dill sowie einige mehrjährige wie Monarde, Schnittlauch und Fenchel lassen sich leicht aus Samen ziehen. Langsamwachsende mehrjährige Pflanzen wie Thymian und Rosmarin besorgt man sich aber am besten bei einer Gärtnerei oder als Ableger von Freunden. Dieses Buch ist zwar kein Gartenhandbuch, aber grundlegende Informationen über das Pflanzen der bekanntesten Kräuter finden Sie in der Liste auf den Seiten 254 - 259.

Wir haben für Sie viele neue Möglichkeiten für die Verwendung von Kräutern im Garten zusammengestellt. In den vergangenen Jahren sind wir quer durch die Vereinigten Staaten, durch England und Frankreich gereist, um die reizvollsten Gärten zu finden. Ob in einem herrlich farbenfrohen, natürlichen Garten im Nordwesten der USA oder in einem überaus korrekt angelegten Formschnittgarten in der Provence, immer haben Kräuter eine wichtige Rolle gespielt. Viele Gärtner, mit denen wir gesprochen haben, empfehlen, sich andere Beispiele anzusehen, wenn man etwas über das Ziehen von Pflanzen lernen und Ideen für den eigenen Garten bekommen möchte. Wir hoffen, daß Sie beim Lesen dieses Buches das Gefühl haben, Sie hätten diese Gärten mit uns zusammen gesehen. Die großformatigen Fotos geben Ihnen einen Gesamteindruck des Gartens sowie Ideen, wie Sie Pflanzen und Farben wirkungsvoll kombinieren können. Und wir haben besondere Abschnitte zu allen wichtigen Aspekten der Gartenarbeit mit Kräutern eingefügt.

Ein Garten besteht jedoch nicht nur aus Pflanzen. Deshalb finden Sie auf den folgenden Seiten Informationen über Sitzplätze, Mauern und Zäune, Gartengebäude und vieles andere mehr. Auch Dekorationen machen den Garten zum Blickfang und drücken den Stil des Besitzers aus. Ein alter Steintrog, eine Steinesammlung, ein kunsthandwerkliches Vogelhaus, eine Steinkatze auf einem Stuhl oder ein alter Zaunpfosten sind anregende Beispiele für stilvolle Extras.

Alle Gärtner, die wir aufgesucht haben, hatten viel Freude an ihrer Arbeit. Oft beginnen sie den Tag mit einer Tasse Kaffee in einer Lieblingsecke des Gartens, während sie die Bienen beobachten, die geschäftig zwischen den Kräuterblüten hin und her schwirren. Oder sie ziehen sich nach einem ereignisreichen Tag an einen Lieblingsplatz zurück, um, eingehüllt von süßen Düften, auszuspannen. Sogar das Unkrautjäten kann inmitten der duftenden Blätter und Blüten Spaß machen. Wir hoffen, daß dieses Buch Sie dazu inspirieren wird, die vielen Freuden der Gartenarbeit mit Kräutern kennenzulernen.

Zwei antike Steinpfosten markieren einen Pfad in Lower Severalls in England.

Feuerwerk aus Farben

LINKS: Blaßfarbene Rosen und weiße Blumen heben die intensive blaue Farbe des Rittersporns und das Rot der Spornblume (Centranthus) *in dieser Rabatte hervor.*

RECHTS: Ein Geißblatt rankt sich um die Tür eines Nebengebäudes, während der robuste Frauenmantel zwischen den alten Wegsteinen wuchert.

Wer Fitz House, das wunderschöne Steinhaus aus dem 16. Jahrhundert in Wiltshire, England, zum ersten Mal sieht, steht überwältigt vor der überschwenglichen Farbenpracht und den üppigen Pflanzungen. Den Garten haben Major Mordaunt-Hare und seine Frau gemeinsam angelegt: Der Major erledigt den Großteil der Gartenarbeit, schreibt aber dem außerordentlichen Gespür seiner Frau für Farben das großartige Ergebnis zu. Die Mordaunt-Hares begannen zum erstenmal in Kent mit dem Gärtnern, kurz nach ihrer Hochzeit im Jahr 1948. Häufige Besuche in Sissinghurst, wo die berühmte Schriftstellerin Vita Sackville-West sie persönlich durch ihre Gärten führte, entfachten eine lebenslange Liebe zum Gärtnern, die in Fitz House, wo sie seit über vierzig Jahren leben, ihren Höhepunkt erreicht hat.

Ursprünglich wurde der Garten rings um das Haus in den zwanziger Jahren angelegt und hügelaufwärts bis zu dem runden Sommerhaus erweitert.

LINKS: Massen von Lavendel und Frauenmantel wachsen über den Pfad, der durch zwei sorgfältig zurechtgestutzte Eiben zur Vordertür führt.

RECHTS: Auf halbem Weg den Hügel hinauf steht ein strohgedecktes Sommerhaus mit Kletterrosen.

UNTEN: Eine Bank unterhalb der Stützmauer des Hintergartens, umgeben von Glockenblumen, Frauenmantel und Geranien, lädt Besucher zum Verweilen ein.

Hecken aus zurechtgestutzten Eiben und Birken verliehen ihm eine beinahe formale Struktur. Auch ein Rosengarten gehörte dazu; eine Stützmauer aus Stein schuf Raum für eine kleine Terrasse und ein Rasenstück hinter dem Haus. Major Mordaunt-Hare behielt die Grundstruktur bei, verfeinerte sie aber durch seine gestalterischen Ideen und Pflanzenkombinationen und bezog auch den Hang mit ein.

In dem romantischen Garten schlängeln sich die Wege durch eine Reihe verschiedener „Zimmer". Ganz gleich, wohin man schaut – auf den Weg zur Vordertür, in den formalen Rosengarten, auf die kunterbunte Rabatte beim Haus oder die Woge von Pflanzen, die sich über die steinerne Stützmauer ergießt –, allenthalben herrscht ein unglaublicher

FOLGENDE SEITEN: Im oberen Gartenteil hat man einen ausgezeichneten Blick auf Haus und Rasen. Hier dämpft feines graues Blattwerk das strahlende Gelbgrün des Frauenmantels und das intensive Gelb des Heiligenkrauts.

OBEN: Um die optische Ausdruckskraft des formalen Rosengartens noch zu erhöhen, pflanzte der Major Lavendel und Frauenmantel rings um die leuchtenden roten Frensham-Rosen.

Überfluß. Die Leidenschaft ist die Fülle, das Bad im Pflanzenmeer sein höchstes Glück. „Aber man muß sie im Auge behalten und rechtzeitig stutzen, bevor sie alles überwuchern", warnt er, „sonst versinkt die Schönheit im Chaos."

Der Garten ist eine Mischung aus mehrjährigen Pflanzen und Kräutern. Die Kräuter braucht man weniger für die Küche, es sind einfach zuverlässige, winterharte Pflanzen mit wunderschönen Farben und Formen, und sie duften so herrlich. Frauenmantel wächst an den Wegen und über die Mauer, Lavendel ballt sich zu Hecken, Beifuß und andere silberblättrige Pflanzen bilden den Hintergrund für die Farbenorgie. Im formalen Garten blühen die Rosen, ranken sich durch die großartigen alten Bäume, wachsen am Haus und über die Lauben oder stehen einzeln und frei in ihrer vollen Pracht. Mit den Kletterrosen sprießt die Clematis um die Wette – und verlängert so die Blütezeit.

Des Majors Rat für jeden Gartenfreund ist einfach und präzis: „Lesen Sie ein paar Bücher. Sehen Sie sich andere Gärten an, und holen Sie sich Anregungen, aber nur die besten; ansonsten schaffen Sie sich etwas Eigenes. Finden Sie heraus, wie Ihr Boden beschaffen ist und was Sie darauf pflanzen wollen. Beauftragen Sie keinen Gärtner, machen Sie es selbst, und machen Sie ruhig viele Fehler. Ein Garten ist nie fertig, weil er sich ständig verändert. Und denken Sie daran: die Natur hat immer das letzte Wort!"

RECHTS: Am Ende des Rasens führen Stufen zu einem kleinen Sitzplatz, an dem viele Pflanzen sowie ein paar Küchenkräuter in Töpfen wachsen.

„Als ich diesen Garten anfing zu gestalten, pflanzte ich alles durcheinander," sagt Penny Vogel über den farbenfrohen, wildwuchernden Besitz, der das behagliche Haus in Oregon umgibt, in dem sie mit ihrer Familie lebt. Das änderte sich, als sie feststellte, daß Flächen mit einem kleineren Farbspektrum wirkungsvoller und fürs Auge angenehmer sind. Inzwischen mischt sie in den einzelnen Bereichen Blumen und Kräuter in den verschiedenen Nuancen einer einzigen Farbe und setzt dann noch Extra-Akzente. Inspirieren läßt sie sich oft von einem Strauß getrockneter Blumen oder von Pflanzen, die Wind und Zufall irgendwo ausgesät haben.

So begegnen sich verschiedene Gelbtöne, ein strahlendes Gold, eine zarte Cremefarbe, zusammen mit einem Weiß, die ein leuchtendes Blau oder ein Orangerot belebt. Dann schwingt eine sanfte Welle von Gelb zu Rosa: Am Rand schimmert sie in cremigstem Gelb, vermischt sich dann mit blassem Blau, Lavendel oder Malve und verrieselt schließlich im zarten Spiel der Gartennelken.

LINKS: Penny pflanzt warme Rosa-, Gelb- und Orangetöne dicht nebeneinander, weil das so fröhlich aussieht. Das graue Blattwerk einer Gruppe Vexiernelken, die sich selbst ausgesät haben, dämpft ihre leuchtenden tiefroten Blüten.

RECHTS: Blaßgelbe Schafgarbe harmoniert mit blauen Jungfern im Grünen.

Ein Garten der Lust

LINKS: An einem Pfosten sind Millies selbstgebastelte Vogelnistkästen befestigt.

UNTEN: Wollziest und andere graublättrige Pflanzen wachsen überall als Ausgleich für die intensiven Farben; außerdem verleihen sie dem Garten Struktur und Form. Da Penny nicht müde wird, neue Beete anzulegen, vergrößert sich ihr Garten immer mehr.

Nicht übereinstimmende Rosatöne werden mit Weiß beruhigt, während die blaß lavendelfarbigen Blüten der Katzenminze oft einen harmonischen Kontrapunkt setzen. Graues Blattwerk dämpft und bändigt die farbenprächtige Üppigkeit, die sich quer durch den Garten ergießt.

„Ich pflanze immer sehr ausgiebig", sagt Penny, „denn ich liebe es, wenn die Pflanzen dicht beieinander stehen; dann hat auch das Unkraut nur wenig Platz." So setzt sie der besseren Wirkung wegen immer gleich drei Pflanzen der selben Art zusammen. Da dies recht teuer wird, zieht sie viele Pflanzen aus Samen. Gelegentlich kauft sie einen Stock, mulcht ihn kräftig und vermehrt dann die Pflanze. Penny zieht Kräuter nicht für die Küche, sondern wegen der Gewächse selbst. Sie bilden wunderbare Kontraste, und das ist für sie fast ebenso wichtig wie die Farben der Blüten.

Die gewundenen Wege sind von Kindheitserinnerungen an den Garten eines Freundes inspiriert. Sie hat sie mit Steinen eingefaßt, die der Großvater und der Vater ihrer Vermieterin Millie Kiggins bei der Feldarbeit von den Äckern trugen. Sie begrenzen die Farbflächen, und hinter jeder Ecke taucht das Auge in einen frischen Farbsee. Penny benutzt einen Gartenschlauch, um die Form neuer Beete zu markieren. So kann sie leicht etwas verändern, bis sie die richtige Rundung gefunden hat.

Sorgfalt und Lust hießen die ersten Gärtner zwischen den Beeten. Sie waren die Schöpfer dieser Pracht. „Ich gehe sehr gern frühmorgens als erstes und am späten Abend als letztes in den Garten", sagt Penny. „Die Vögel singen, und die Bienen summen. Sie genießen den Garten wohl genauso wie die Menschen."

RECHTS: Steine markieren im Hintergrund die jüngste Pflanzfläche.

FOLGENDE SEITEN: Der Garten erinnert an ein Feld mit Wildblumen. In Hülle und Fülle entwickeln sich aus Samen neue Pflanzen auf den nicht eingefaßten Mulchwegen. Die Sämlinge dürfen an Ort und Stelle wachsen oder werden liebevoll in einen anderen Teil des Gartens verpflanzt.

OBEN: Auf Chipping Croft in Gloucestershire hat Dr. Taylor aus Fingerhut, Rittersporn, Königskerze und violettblütigem Salbei eine wunderbare Farbenpracht geschaffen.

UNTEN: Diese Rabatte in Jenkyn Place in Hampshire, England, besteht aus einer einfachen Kombination von Lavendel und gelben Rosen.

Kräuter und ihre Farben

OBEN: Im traditionellen Kräutergarten von Fort Vancouver in Washington, einst Sitz der Hudson Bay Trading Company, bilden großzügige Pflanzungen von Kräutern und Blumen jeweils einer Art einen schönen Farbenteppich.

Oft wird überhaupt nicht bedacht, daß Kräuter auch Farbe in den Garten bringen. Doch wer einmal das grelle Gelbgrün des Frauenmantels, das Tiefblau des Eisenhuts, das üppige Lila von Salbei und Lavendel, das sanfte Rosa des Seifenkrauts, das leuchtende Gelb der Schafgarbe oder die zottigen roten Blüten der Monarde gesehen hat, weiß, daß diese Pflanzen sehr viel mehr zu bieten haben außer Duft, Aroma und Blattwerk. Das sanfte Silbergrau von Beifuß, Wollziest und anderen Pflanzen verleiht dem bunten Farbentaumel eine gewisse

OBEN: In einem Teil der Rabatte in Jenkyn Place akzentuieren kleine Tupfer rosafarbenen Mohns und orangefarbener Lilien die unterschiedlichen Formen und Gelbtöne von Königskerzen und Nachtkerzen.

RECHTS: Farbenprächtig leuchtet der hellrosa Sonnenhut in Sally Whimms Garten in Ohio.

OBEN: Ein Ring violettfarbenen Lavendels rahmt einen alten Baumstumpf mit einer Sonnenuhr in Fort Vancouver ein. Im Hintergrund wachsen Stiefmütterchen unter blaßgelben Binsenlilien, während Vexiernelken, Kornblumen, Fingerhut und Mohn eine Harmonie in Rot und Blau entfachen.

UNTEN: Ein dunkelgrüner Krug kontrastiert schön mit den grell gelbgrünen Blüten des Frauenmantels in Carol Kellys Garten in Oregon.

OBEN: Goldener Salbei harmoniert mit pinkfarbenen Rosen.

OBEN: Das leuchtende Blau der Glokkenblumen wirkt neben den gelbgrünen Blüten des Frauenmantels noch intensiver, wie bei dieser Rabatte in Charlton Park in Wiltshire, England.

UNTEN: Im Kräutergarten von Fort Vancouver schaffen die strahlend weißen Blüten und das silbrige Blattwerk weißer Lichtnelken einen hübschen Kontrast zum Rosa und Blau von Fingerhut, Rosen und Kornblumen.

LINKS: Jane Rivkin pflanzte Clematis und Rosen zusammen, damit die Farben intensiver leuchten, und die Blütezeit länger dauert.

UNTEN: An einfachen Holz- oder Bambusgerüsten ranken sich blühende Kletterpflanzen wie Kapuzinerkresse, Rosen oder Winden gerne empor.

UNTEN: Voller Anmut vermischen sich das Blau und Rosa der mehrjährigen Geranien, Vexiernelken und Gartennelken in Carol Kellys Garten und bilden einen starken, aber nicht unangenehmen Kontrast zum flirrenden Gelbgrün des Frauenmantels.

Harmonie, hellt dunkle Winkel auf oder stellt den bescheidenen Hintergrund für die Leuchtkraft der Stars im Garten.

Die Farben eines Gartens fallen einem als erstes ins Auge. Richtig eingesetzt, erwecken sie ansonsten eher langweilige Pflanzungen zu sprühendem Leben. Eine achtlose Farbgebung hingegen ermüdet und beleidigt das Auge auch in der schönsten Umgebung.

Manchmal kann es jedoch ganz spannend sein, die Farbregeln zu übertreten. Solange Sie noch kein zuverlässiges Farbengespür entwickelt haben, können Sie sich an ein paar Richtlinien halten. Beschränken Sie sich am Anfang auf ein einfaches Farbenschema: Suchen Sie entweder warme oder kalte Farben aus, fügen Sie dann einen unerwarteten Akzent hinzu, damit Leben in Ihren Garten kommt. Sie könnten beispielsweise mit einer Palette von Blau-, Violett- und Violettrosatönen beginnen und dann einen Schuß Gelb oder Orange als optische Überraschung dazwischensetzen. Oder Sie kombinieren Gelb-, Orange- und Rottöne und würzen das Ganze mit einem Klecks Hellviolett.

Diese begrenzten Nuancen schränken gar nicht so sehr ein, wie man zunächst vielleicht denkt, da jede Farbe eine warme und eine kalte Seite hat – so gibt es zum Beispiel rötliche und bläuliche Violettöne.

OBEN: In Camp Cottage in Gloucestershire, England, wächst rund um das riedgedeckte Haus aus dem 15. Jahrhundert eine erstaunliche Vielfalt an Pflanzen, die alle aus Samen oder Ablegern gezogen wurden. Ihre unterschiedlichen Blütezeiten sorgen dafür, daß es immer etwas Farbiges gibt.

RECHTS: Die gelben Nadeln von Koniferen und Kräutern wie Frauenmantel und goldfarbener Majoran sehen genauso hübsch aus wie Blumen, was man auf der Brooke Lodge Farm in Surrey, England, sehen kann.

OBEN: Mit Rosen, Frauenmantel, Lavendel und Glockenblumen wirkt die Rabatte beim englischen Cerney House im Frühsommer besonders farbenfroh. Zwischen ihren Blüten setzen Mohnblumen leuchtende Akzente.

OBEN: Weiße Margareten setzen Farbtupfer auf dem mit Rosen gesäumten Weg, der zu dem strohgedeckten Bauernhaus aus dem 16. Jahrhundert in Bundels, Devon, England, führt. So verirrt sich der Besucher auch im Mondlicht nicht.

RECHTS: Verschiedene, durch einen Hauch Gelb und Orange noch akzentuierte Rot-, Weiß- und Blautöne herrschen im Kräutergarten von Fort Vancouver vor.

Diese Dinge sollte man vor allem in einem kleinen Garten beachten, in dem das Auge alles auf einmal erfaßt.

Wenn Sie eine lange Rabatte oder verschiedene Ecken in einem Garten bepflanzen, können Sie mehr Farben einsetzen, doch vermeiden Sie mehrere grelle Signale nebeneinander. Lassen Sie die blassesten Töne einer Gruppe stufenweise in die hellen Schattierungen der nächsten übergehen. Vielleicht fügen Sie auch weiße Blüten oder graues Blattwerk hinzu, um den Übergang zu erleichtern. Sie können die

Farben auch wie bei einem Spektrum ineinanderfließen lassen, wo aus Blau Violett, dann Rosa und schließlich Rot, Orange und Gelb wird. In beiden Fällen erzielen Sie eine harmonische Wirkung.

Am besten setzen Sie dazu mindestens drei oder mehr Pflanzen einer Art zusammen. Einzelne Pflanzen wirken wie Flecken und haben, besonders aus der Entfernung, keine farbliche Ausdruckskraft. Arbeiten Sie mit Hell-Dunkel-Kontrasten, damit das Auge nicht ermüdet.

Grelle Sonne läßt Farben eher verblassen. Folgen Sie dem Beispiel der Natur und verwenden Sie in heißen, sonnigen Gegenden intensive Farben. Blassere Töne und Weiß kommen in schattigen Gärten besser zur Geltung. Gerade Weiß hellt natürlich jede Palette auf und ist oft genauso leuchtend wie eine intensive Farbe. Übersehen Sie beim Pflanzen auch die vielen Grünschattierungen vom blassesten Hellgrün bis zum Silbergrau nicht. Sie machen den Garten auch dann noch interessant und mannigfaltig, wenn alle Blumen verblüht sind.

OBEN: Im Frühjahr wird der mit langblühender Katzenminze und Frauenmantel gesäumte Pfad in meinem Garten durch die tiefroten Blüten des Schnittlauchs und Thymians für kurze Zeit bunter.

OBEN RECHTS: Diese Farbenpracht im Park-and-Tilford-Garten in Vancouver entsteht durch eine einfache Kombination aus Katzenminze und den Rosen „Prima Ballerina", „Gene Boerner" und „Redgold".

RECHTS: In Elaine Kheenes Garten bei Seattle bringen Silberbeifuß, Goldmajoran und feine Gräser ebensoviel Farbe und Struktur ins Spiel wie die Blumen.

Die Freuden der Provence

GANZ LINKS: Holzzäune auf niedrigen Steinmauern und elegante Gartentore grenzen die beiden Teile des Gartens im Kolonialstil voneinander ab.

LINKS: Im Potager wiederholt sich die Kugelform des beschnittenen Bäumchens in einer exakt getrimmten Buchsbaumhecke.

Anne Cox Chambers hat einen provenzalischen Mikrokosmos in ihrem bezaubernden Zuhause bei Saint-Rémy in Frankreich geschaffen. Weinreben säumen die Auffahrt, Bienen summen eifrig im Lavendelfeld unterhalb der Terrasse, und in der Ferne erstreckt sich ein Olivenhain.

Als Frau Chambers Le Petit Fontanille, dieses alte provenzalische Bauernhaus (*mas*) kaufte, gab es um das Haus nicht viel mehr als ein paar schöne alte Bäume, eine Treppe, die den Hang hinauf ins Nichts führte, und eine Zypressenallee. Was einst vielleicht ein Rasen gewesen war, hatte sich in kahle Erde verwandelt, und da, wo jetzt die Terrasse ist, lag früher der Scheunenhof. Sie bat den inzwischen verstorbenen Peter Coates, einen bekannten englischen Gartenarchitekten, ihr bei der Planung der Gartenanlage zu helfen. Mit einem feinen Gespür für den Ort und die hiesigen Wachstumsbedingungen konzentrierte er sich auf einheimische Vegetation wie Zürgelbäume, Heiligenkraut, Zypressen und andere Mittelmeerpflanzen. „Der Boden hier ist sehr kalkhaltig", erklärt Frau Chambers, „deshalb haben wir keine Azaleen oder Rhododendren", Pflanzen, die in ihrer Heimat Georgia gut gedeihen. „Am besten wachsen hier Pflanzen, die Kalk mögen und von den Kaninchen verschmäht werden." Zum Glück gibt es auf dem Anwesen Wasser (Fontanille bedeutet Quelle), und so konnte sie auch einen Rasen anlegen, der für einen typisch englischen Garten allerdings nicht groß genug ist.

Das Lavendelfeld unterhalb des Hauses befand sich bereits dort. „Peter meinte, den Lavendel habe man wohl ursprünglich zum Verkauf angepflanzt, nicht als Gartenkraut", erläutert sie, „also ließen wir das Feld, wie es war." Damit man den bestehenden Olivengarten vom Haus aus sehen konnte, entfernten sie Bäume und Büsche, die die Sicht verstellten. Die Oliven werden im November geerntet: einen Teil der Ernte hebt man für den Eigenbedarf auf, der Rest geht in die Ölmühle.

Das Stück Land zwischen dem Olivenhain und dem Lavendelfeld wurde in einen Garten im Kolonialstil umgestaltet, den man in zwei Hauptbereiche teilte. Auf der einen Seite sind Kräuter, Gemüse und Blumen in der farbenfrohen, für einen Potager typischen Art angeordnet, während auf der anderen Seite Wald- und Wiesenblumen, sich selbst überlassen, kunterbunt zwischen den Kräutern wachsen.

RECHTS: Gegenüber dem Haus erstreckt sich hinter dem Rasen ein von sauber zurechtgeschnittenen Buchsbaumhekken umgebener formaler Rosengarten. Zu riesigen Kugeln zurechtgestutzte Olivenbäume lenken die Blicke auf sich.

VORHERGEHENDE SEITEN: Eine Armee aus Buchsbaumkugeln hat sich über den Rasen unterhalb des Hanges verteilt, auf dem viel Lavendel, Heiligenkraut, russischer Salbei und andere Wildpflanzen in lieblichem Kontrast zu dem streng angelegten Garten wachsen.

RECHTS: Die Bank verschwindet fast völlig hinter dem Beifuß.

UNTEN: Eine üppige Lorbeerhecke trennt den Küchengarten von dem Lavendelfeld, auf dem sich der süße Geruch des Lavendels mit dem Aroma der hohen Rosmarinbüsche vermischt, die den Pfad in der Mitte säumen.

RECHTS: Der Garten im Kolonialstil liegt direkt in der prallen Sonne. Buchsbaumhecken begrenzen den einfach gestalteten Küchengarten, bei dessen Planung die bekannte englische Gärtnerin Rosemary Verey mithalf. Die Struktur der kräftigen Blätter von Mangold und Zierkohl bietet einen schönen Gegensatz zur Lehmziegeleinfassung und den glatten Steinkugeln.

UNTEN: Auf ihren Streifzügen bei Antiquitätenhändlern in der Umgebung fallen Frau Chambers immer wieder alte Steinplastiken in die Hände, die sie dann reizvoll überall im Garten plaziert.

An der Anlage wird immer wieder gearbeitet, und erst kürzlich hat Frau Chambers aus dem alten Tennisplatz einen Ziergarten gemacht, umgeben von zahlreichen kugelförmigem Buchsbäumen. Das Ganze ist von einer aromatisch duftenden Rabatte umsäumt. „Jede Pflanze hier duftet entweder süß oder ist eßbar“, sagt sie. Am Ende steht eine Hecke, hinter der sich ein „Geheimnisgarten“ verbirgt, den zu erforschen sie Besucher nachdrücklich auffordert. Als moderne Version der alten italienischen Wassergärten, in denen die Schritte der Besucher die Brunnen am Wegrand einschalteten, ist er in der heißen Provence ein willkommener Genuß.

Traditionelle Strukturen

OBEN: Die lebhaft gemusterten formalen Gärten in der Nähe von Anne Cox Chambers' Haus in der Provence sind mit Buchsbaum eingefaßt, der an jeder Ecke zu einer originellen Kugel gezogen wurde. Springkraut und Salbei bringen Farbe ins Spiel.

LINKS: Als die Jansens ihr englisches Tudorhaus in Kalifornien wiederaufbauten, legten sie einen stilistisch passenden Garten mit buchsbaumgesäumten Kräuterbeeten und Obstbäumen an.

UNTEN: Verschiedene, Lavendelarten lassen diese einfache quadratische Anlage im englischen Polesden-Lacey, Surrey, grandios erscheinen.

Wenn man von Kräutergärten noch keine Ahnung hat, dann fallen einem vielleicht als Gestaltungsmöglichkeit nur die traditionellen, in symmetrische Segmente aufgeteilten Nachkommen der klösterlichen Küchengärten ein. Doch diese Vorstellung läßt sich in vielen einfachen und anspruchsvollen Variationen abwandeln, die allesamt sehr reizvoll sind. Die Grundstruktur bilden zwei sich kreuzende Wege in der Mitte, die die Fläche in Quadrate und Rechtecke zerlegen. Ein traditioneller Garten ist oft von einer Mauer, einem Zaun oder eine Hecke umgeben und besitzt einen oder mehrere Eingänge durch eine Laube oder ein Tor. Das verleiht ihm eine ausgewogene und ruhige Atmosphäre.

Einen traditionellen Garten legen Sie am besten an einem sonnigen Ort an. Wenn die Größe festliegt, sollten Sie sich einen Plan auf Millimeterpapier zeichnen. Dann säubern Sie den Platz, bereiten den Boden vor und übertragen den Papierentwurf sorgfältig auf Ihr Gelände;

nehmen Sie genau Maß, und markieren Sie die Außenkanten mit Pfosten und Kordeln. Bereiten Sie die Gartenwege vor – dafür können Sie alles mögliche verwenden, von Ziegelsteinen bis zu Holzstückchen. Die Pflanzflächen werden mit einer Einfassung festgelegt.

Es kann ein Garten für Küchen-, Duft- oder Heilkräuter werden oder eine beliebige Mischung aus all dem. Wenn Ihnen die Kräuter zu wenig bunt sind, setzen Sie ein paar Blumen dazwischen. Bei einem sehr formalen Garten wird jeder Bereich mit einer gepflegten Edelgamander- oder Buchsbaumhecke umrandet. Pflanzen Sie in diesem Fall äußerst genau, mit genügend Zwischenräumen, damit die einzelnen Pflanzen gut zur Geltung kommen. Wenn Sie es etwas ungezwungener lieben,

OBEN LINKS: Jodie Slaymaker legte mit Berberitze und Edelgamander in ihrem Garten in Nashville ein einfaches Knotenmuster an.

OBEN: Am Schnittpunkt zweier Wege steht oft ein Brunnen oder eine Sonnenuhr wie in Nancy Rileys traditionellem Kräutergarten.

LINKS: Als Carole Saville von New Jersey nach Kalifornien zog, nahm sie ihre Pflanzen mit und schuf erneut einen traditionellen Kräutergarten. Sie umgab ihn mit einer Hecke und stutzte einen breiten Rosmarin kugelig zu, was dem ansonsten aufgelockerten Garten eine förmliche Note verlieh.

setzen Sie die Pflanzen dichter, so daß sie sich ineinander verschlingen und über die Wege wuchern können. Eine solche Pflanzung wirkt bezaubernd und natürlich, wobei der Grundentwurf für eine gewisse Ordnung sorgt.

Knotengärten sind eine traditionelle Gartenanlage, die im 17. Jahrhundert sehr beliebt war. Es handelt sich hierbei um komplizierte Muster gepflegter kleiner Kräuterhecken, die über- und durcheinanderzuwachsen scheinen. In Wirklichkeit rührt dieser Effekt aber von einem Farbkontrast im Blattwerk und einem peinlich genauen Pflanzenschnitt her. Die Entwürfe können sehr kompliziert sein oder so einfach wie zwei ineinandergreifende Kreise.

Am allerwichtigsten ist Geduld, denn es dauert mindestens zwei Jahre, bis aus kleinen Pflanzen eine Hecke wird.

RECHTS: Inmitten des Rasens legte Pat Beckman einen traditionellen Hochbeet-Kräutergarten an, der mit Ziegeln gestaltet ist.

OBEN: Elaine Burden schuf eine kleine formale Fläche in einer abgeschiedenen Ecke ihres Gartens, indem sie eine Sonnenuhr und eine geometrische Pflanzung mit einer Edelgamanderhecke umgab.

RECHTS: Mark Browns Kräutergarten in der Normandie besteht aus einer Doppelreihe quadratischer Beete und greift damit die langgestreckte Form des Hauses auf.

LINKS: Joanne Sheas Garten in Virginia hebt sich von der Rasenfläche durch Steineinfassungen und kugelförmigen Buchsbaum an den Ecken ab. Die Wege sind breit genug für den Rasenmäher.

UNTEN: Linda Veffer benutzte Ziegelwege mit Ziegeleinfassungen, um die Rautenform des Kräutergartens vor ihrer Küchentür hervorzuheben. Ein Staketenzaun trennt ihn von den umliegenden offenen Flächen.

Muster kann man von Plänen in alten Gartenbüchern oder sogar von einem Teppich oder einer maurischen Fliese übernehmen. Zeichnen Sie den Plan zunächst auf Millimeterpapier, und übertragen Sie ihn dann in den Garten. Wählen Sie Pflanzen aus, deren Farben das Muster hervorheben, und setzen Sie sie dicht genug, damit sie zu einer Hecke heranwachsen. Einige der beliebtesten Kräuter für Knotengärten sind Edelgamander, Buchsbaum, Lavendel, Ysop, Heiligenkraut, Thymian und Berberitze.

LINKS: Der Kräutergarten des Frans-Hals-Museums in Holland ist eine Variation des traditionellen Plans mit vier Quadraten. Die Beete sind mit Ziegeln eingefaßt und die Wege mit Meeresmuscheln statt mit Kies bestreut.

Ein Yankee in Ohio

GANZ LINKS: Duftende Minze und Zitronenmelisse bei der Bank laden zum Entspannen ein und verleihen Elaines Kochkünsten das gewisse Etwas.

LINKS: Aus dem Küchenfenster blickt sie auf den Kräutergarten, der sie beim Kochen inspiriert.

Obwohl Elaine Shea in Ohio lebt, erinnert sie ihr Haus an ein altes Bauernhaus in Connecticut. Als sie sich entschloß, einen Garten anzulegen, wollte sie deshalb einen Staketenzaun und einen traditionellen Kräutergarten. „Es sollte wie ein englischer Landgarten sein, in dem immer irgend etwas blüht", sagt sie.

Da Elaine gerne kocht, legte sie den Garten aus praktischen Überlegungen vor der Küchentür an. Sie holte sich aus alten Gartenbüchern Anregungen für die Gestaltung, verließ sich aber, was die endgültige Form betraf, auf ihr eigenes Gespür und wich von der üblichen Rechteckform ab, um jeden verfügbaren Zentimeter neben der Einfahrt zu nutzen. Sobald der einfache Gartenentwurf vorlag, wurden die Beete mit Ziegelsteinen eingefaßt, womit Sie auch einen kleinen Sitzplatz am Haus abgrenzte.

RECHTS: Kiespfade und der leicht asymmetrische Entwurf verhindern, daß der Garten zu streng wirkt.

GANZ RECHTS: Schön gestaltet und windgeschützt liegt der Kolonialküchengarten in der Ecke zwischen Küchentrakt und Haus.

Durch neue Pflanzungen hat sich der Garten im Lauf der Jahre weiterentwickelt. Ursprünglich war die Sonnenuhr von Thymian umgeben, aber „ich wollte mehr Farbe", sagt Elaine, „also pflanzte ich statt dessen Anemonen." Mittlerweile sind die Anemonen so groß geworden, daß sie sie ebenfalls entfernen und wegen des besseren Kontrastes durch eine niedrigwachsende Pflanze ersetzen will. Auch ansonsten hat sich immer wieder was verändert. „Wenn eine Pflanze im Garten nicht richtig kommt, muß sie raus. Manchmal nehme ich aber auch Pflanzen heraus, die gut gedeihen", gibt sie zu.

Neue Pflanzen zieht Elaine gerne aus Ablegern oder geteilten Wurzelstöcken. Wenn es im Winter zu kalt zum Gärtnern ist, läßt sie sich gerne bei einer Tasse Kräutertee durch Bücher zu neuen Ideen inspirieren. Und natürlich trinkt sie eine Mischung aus Bergamottminze, Grüner Minze und Pfefferminze, die sie im Sommer selbst getrocknet hat.

LINKS: Kräuter und Blumen sprießen üppig über die Kieswege und lassen den Garten noch heimeliger aussehen.

RECHTS: Die kleine Nelkenbasilie, eine Pflanze, die sich gut als Einfassung eignet, breitet sich auf dem Weg aus.

In Sag Harbor, am östlichen Ende von Long Island, stehen viele schmucke historische Häuser aus der Zeit, als der Ort noch ein geschäftiges Walfangzentrum war. Darunter befindet sich ein Haus im klassizistischen Stil, um 1860 von einem wohlhabenden Kaufmann erbaut und heute Eigentum von Joy und Bob Lewis. Den beiden gefiel das Haus und seine Architektur genauso gut wie der große Garten in Südlage, und sie fingen mit der Gartenarbeit sogar noch vor den geplanten Umbaumaßnahmen an.

Bob, Innenarchitekt und begeisterter Gärtner, stammt aus Virginia, und er findet, daß es ihm mit den Ziegelsteinmauern, Bäumen und Stauden – Buchsbaum, Magnolien, Stechpalme und ein Ben-Franklin-Baum – gelungen ist, südliches Flair einzufangen. Doch er ließ sich auch aus anderen Quellen inspirieren: Den langen Weg, der die Achse des Gartens bildet, übernahm er von dem Van-Cortlandt-Gutshaus am Hudson River, während der Plan des Küchengartens auf ein Zeitungsphoto von einem entzückenden französischen Potager zurückgeht.

LINKS: Für den Hausanstrich zeichnet Bob verantwortlich: Er verwendete eine Farbe, die an die Blätter einer amerikanischen Buche im Winter erinnert und einen perfekten Hintergrund für farbenfrohe Kräuter und Blumen abgibt. Im Rosengarten steht seine Lieblingsblume „Mary Rose“ in üppiger Blüte. Die Rosen sind mit Heiligenkraut, Nelken, Lavendel, Thymian und Stiefmütterchen unterpflanzt.

RECHTS: Eine Büste aus einem Antiquitätenladen, inmitten von Federmohn, Königskerze, Glockenblumen und Meerkohl, blickt gelassen in die Landschaft.

Der Garten des Architekten

Säuberlich geschnittene Eibenhecken unterteilen den Garten in drei Bereiche, wobei jeder einen Bezug zu dem Zimmer hat, von dem aus man ihn sehen kann. An der Vorderseite des Hauses blühen den ganzen Sommer lang Rosen – die meisten stammen von dem britischen Rosenzüchter David Austin –, die man vom Wohnzimmer aus bewundern kann. „Zur Bewässerung der Rosen verwende ich ein Tropfsystem, um die Schwarzfleckigkeit auszuschalten", sagt Bob, „und da der Boden hier lehmig war, mengte ich, bevor wir den Garten anlegten, zur besseren Dränage Ackerkrume und Torf unter."

Hinter der ersten Eibenhecke liegt das Doppelbeet eines französischen Gartens, das von der Bibliothek und vom Eßzimmer aus einen schönen Anblick bietet. „Dieser Platz war windiger, als wir dachten", erklärt Bob, „aber sobald die Hecken stehen, werden sie für den notwendigen Schutz sorgen." Der streng formale Plan wurde in lockerer Weise umgesetzt, aber doch so, daß sich das üppige Wachstum in Grenzen hält und der Garten selbst im Winter eine Struktur aufweist.

Vor der Küchentür liegt der dritte Bereich, ein Küchengarten, dem ein einfacher Plan mit quadratischen, von Kiespfaden umgebenen Hochbeeten zugrundeliegt. Hier sind Kräuter und Gemüse die Hauptattraktion. „Alles, was wir angebaut haben, gedieh ausgezeichnet", sagt Bob. „Die Beete liegen gerade so hoch, daß das Wasser gut abfließen kann, und sie lassen sich auch leicht abernten.

LINKS UND OBEN: Fingerhüte dürfen ungehindert aussamen und sorgen zusätzlich für auffällige und aufragende Blickpunkte überall im Garten. Im Spätfrühling werden sie ergänzt durch Iris, Mohn und Katzenminze.

RECHTS: Eine schützende Südwand und hitzespeichernde Ziegel schaffen ein günstiges Mikroklima für zarte Pflanzen und regen eine frühzeitige Blüte an.

RECHTS: Auch auf der Küchenterrasse herrscht dank Bob ein Mikroklima. Durch ihre Südlage wird sie von der Sonne erwärmt und ist durch die Häuserwände auf zwei Seiten vor Wind geschützt. Doppelte Buchsbaumkugeln und eine Magnolia grandiflora *im Kübel gedeihen unter diesen günstigen Bedingungen.*

LINKS UND UNTEN: Blumen, Kräuter und Gemüse wachsen bunt gemischt im Küchengarten, den eine wunderschön beschnittene Eibenhecke vom französischen Garten trennt. Blühender Salbei, Schnittlauch, Kapuzinerkresse und Lavendel setzen leuchtende Farbtupfer in das Grün von Kopfsalat und Petersilie. Meist ist jedes Beet einer einzigen Pflanzenart vorbehalten, und nur vereinzelt sieht man einen Fingerhut, der sich selbst ausgesät hat. Auch andere Pflanzen sprießen von allein auf den Kieswegen. Selbst im Winter erkennt man die präzise geometrische Struktur des Küchengartens unter dem Schnee und hat einen schönen Blick aus dem Küchenfenster.

LINKS: In dem farbenprächtigen französischen Garten wachsen Akelei, Fingerhut und Ziertabak, die sich selbst ausgesät haben. Das gotische Gebilde im Hintergrund, ein Werk von Bob, soll den nächsten Gartenabschnitt einweihen.

DIESE SEITE: Blaue, rosafarbene und weiße Blumen herrschen im bunten französischen Garten vor. Kräuter spielen hier nur eine untergeordnete Rolle, aber Salbei, Mohn und Fingerhut setzen Farbtupfer, zu denen die grauen Blätter des Wollziests einen schönen Ausgleich schaffen. Viele der Pflanzen wurden so ausgewählt, daß sie Schmetterlinge und Vögel anziehen. Zwei ausladende Buchsbaumkugeln betonen das Rautenmuster.

Außerdem erwärmt sich der Kies auf den Wegen zeitig, so daß ich schon früh im Jahr Kopfsalat pflanzen kann. Auch der Schnittlauch geht früh auf. Mir gefällt die Vorstellung, selbst ein Mikroklima zu schaffen", fügt er hinzu.

„Ich mag die Kontinuität, die dieser Garten ausstrahlt", sagt Joy. „Auch wenn es den urspünglichen Garten in Frankreich, der mich inspirierte, nicht mehr gibt, setzt sich in unserem hier die Idee fort. Ich glaube, das passiert häufig bei der Gartenarbeit. Es ist so, als würde eine Tradition in der Familie weitergegeben."

Küchengärten

Eßbare Blumen

Jeder Koch sollte einen Kräutergarten haben, der idealerweise vor der Küchentür liegt. Bei Platzmangel ist das vielleicht nicht mehr als ein Blumenkasten oder ein großes Faß mit den am häufigsten verwendeten Kräutern (oder solchen, die man auf dem Markt nur schwer bekommt). Aber wenn Sie genügend Platz haben, sollten Sie sich einen richtigen Kräutergarten gönnen, einen, in dem Sie täglich ernten können. Den Rest trocken Sie dann für winterliche Eintöpfe oder für Duftsträuße.

Seit 1200 Jahren beruht der traditionelle Küchengarten auf einem Grundriß von vier Quadraten, so wie in den alten Klöstergärten. Die ausgefeiltesten Versionen, die dem wunderschönen, für Ludwig XIV.

OBEN: Der ungezwungene Stil und die Ziergegenstände von Joan Lathys Küchengarten passen gut zu der rustikalen Blockhütte.

OBEN RECHTS: Terrakottapflanzenhüte sind, wenn sie nicht benutzt werden, immer noch eine hübsche Verzierung.

RECHTS: Die kompliziert gestalteten, mit Buchsbaum eingefaßten Beete des Küchengartens von Bourton House in Gloucestershire sind mit Steinpflaster abgetrennt und mit einer großen Auswahl an Kräutern, Gemüse und Beeren bepflanzt.

OBEN: Die in Stufen konstruierten Hochbeete wurden passend zu einem modernen Haus in Kalifornien gestaltet. Sie sind auch praktisch, weil sie Kräuter voneinander trennen und für mehr Pflanzfläche sorgen.

UNTEN: Eine hübsche Vogelscheuche überwacht ein buchsbaumgesäumtes Beet des Küchengartens im Tudorstil von Littlecote House in Berkshire, England. Grundlage ist die traditionelle Aufteilung in vier Quadrate, mit Beeten für Kräuter und Gemüse. Hier wachsen Heiligenkraut und Lavendel um die Bohnenstangen aus Bambus und trennen die verschiedenen Pflanzungen voneinander.

LINKS UND UNTEN: In Sooke Harbour House auf Vancouver Island stehen in den weitläufigen Gärten rings um das Gasthaus mehr als 550 Arten von Kräutern, Gemüse und eßbaren Blumen, die man alle in den innovativen Gerichten wiederfindet, für die die Küche bekannt ist.

GANZ UNTEN RECHTS: Im Küchengarten vor Mary und Joe Flegles Blockhaus aus dem Jahr 1790 stehen die Kräuter in ordentlichen Reihen.

RECHTS: Karen Caubles ländlicher Küchengarten hat einen dreieckigen Grundriß, der mit einfachen Rundhölzern eingefaßt ist. Weitere Rundhölzer, die auf Stützen aus überkreuzten Ästen liegen, bilden einen rustikalen Zaun.

entworfenen Potager in Versailles nachgebildet wurden, stellen eine liebliche Mischung aus Kräutern, Gemüse und Blumen dar. Die sorgfältig ausgeklügelten, in farbenfrohen geometrischen Mustern angelegten Beete sind wunderschön, aber arbeitsintensiv in der Pflege.

Ein weniger ambitionierter Gärtner legt vielleicht nur einen winzigen Küchengarten an oder entwirft ein Schachbrettmuster, in dem Pflanzflächen mit quadratischen Steinen abwechseln. Vielleicht kultiviert er auch einen kleinen Garten zwischen den Sprossen einer alten Obst-

LINKS: Ryan Gaineys Küchengarten liegt innerhalb des Ziegelfundaments eines alten Gewächshauses. Den Grundriß bilden drei Rauten, die sich an den Ecken berühren. Thymian, Kapuzinerkresse und Buchsbaum dienen als Einfassung um Mangold, Mohn, Zwiebeln und andere Kräuter- und Gemüsearten. In der Mitte jeder Raute steht ein Fairy-Rosenbäumchen.

OBEN: In einem anderen Teil des Küchengartens von Littlecote teilt sich Lavendel den Platz mit Rhabarber in Terrakottapflanzenhüten, Tomaten an Bambusstützen, Artischocken und anderen Kräutern und Gemüsen.

RECHTS UND UNTEN: In dem üppigen Garten der Berganzers in Georgia direkt vor der Küchentür geben sich Blumen und Zierkräuter wie Wollziest mit den kulinarischen Favoriten ein Stelldichein. Zwischen den mit einheimischen Steinen eingefaßten Hochbeeten verlaufen Natursteinpfade.

GANZ UNTEN: Denise Adams mischt Blumen und Kräuter in ihrem Küchengarten in Ohio, den sie mit einem Lattenzaun eingegrenzt hat.

baumleiter oder den Speichen eines antiken Wagenrades. Andere setzen ihre Küchenkräuter einfach verstreut in den Garten.

Jeder Küchengarten wird durch eßbare Blumen hübscher. Sie sind bunt, manchmal schmecken Sie recht lecker, und selbst wenn sie wenig oder keinen Geschmack haben, lassen sich damit viele Speisen, von der Suppe bis zum Nachtisch, ansprechend dekorieren. Die Blüten aller Küchenkräuter, von den hübschen Thymianblümchen und Duftgeranien bis zu den auffälligeren Blüten von Salbei und Monarde, sind eßbar. Ebenso Stiefmütterchen, Malven, Begonien Schlüsselblumen, Rosen, Lemon-Gem-Tagetes, Ringelblumen und Lilien.

Zu beachten ist dabei: Eßbare Blüten sollten biologisch angebaut sein und an einer Stelle wachsen, die vor Autoabgasen und anderen Schadstoffen geschützt ist. Und da viele Blumen giftig sind, darunter Eisenhut und Fingerhut, vergewissern Sie sich, daß die Blüte, die Sie essen wollen, auch wirklich harmlos ist.

Im Juni steht die atemberaubende Rabatte vor den Gartenmauern von Cerney House in voller Blüte: Kissen von gelbgrünem Frauenmantel bilden einen herrlichen Kontrast zu dem hoch aufragenden, eleganten Fingerhut. Dabei ist sie nur eine Verheißung auf den wunderbaren Garten, der sich hinter dem anmutigen Heim von Sir Michael und Lady Angus in Cirencester, Gloucestershire, erstreckt.

Die Eingangsrabatte zieht sich an dem langen, gewundenen Weg zum Garten hin und wird nur von dem Pfad unterbrochen, der durch ein hübsches Metalltor in den eigentlichen, von einer Mauer umgebenen Garten führt. Einmal drinnen, steht man inmitten einer Vielfalt von Gemüse, alten Rosen und immer noch mehr Kräuterrabatten. Der Gemüsebereich ist auf einen sanft ansteigenden Hang beschränkt. Er wird teilweise von zwei riesigen Rabatten verdeckt, die sich an der Längsseite des Gartens hinziehen. In ihnen stehen Wollziest, Rosen und Päonien, in schöner Eintracht neben mehrjährigen Pflanzen wie Glockenblumen und Geranien.

LINKS: Zwei mit Eicheln gekrönte Pfeiler fassen das schöne Eisentor der Gartenmauer ein.

RECHTS: Der Pfad, der den formalen Garten begrenzt.

Rosen und Rabatten

LINKS: Der formale Garten ist um eine Sonnenuhr herum angelegt und wird von Edelgamanderhecken umsäumt, die an den Ecken von zurechtgestutzten Buchsbaumkugeln unterbrochen sind.

RECHTS: Ein altes Terrakottagefäß wird zur Gartenzierde.

RECHTS: Fingerhut, Geranien, Spornblume (Centranthus) *und hier und da eine rosafarbene Mohnblume bilden einen lebhaften Kontrast zu den gelbgrünen Blüten des Frauenmantels.*

UNTEN: Ein kleines Gewächshaus beherbergt Frühlingssämlinge.

Zwischen den beiden Rabatten liegt ein kleiner formaler Garten, der von einer Hecke aus Ysop und Lavendel umgeben ist, in die hier und da Mohnblumen eingestreut sind. Die vier Abschnitte des Gartens, durch Graspfade voneinander abgesetzt und mit Edelgamanderhecken eingefaßt, haben in ihrer Mitte eine phantastische Sonnenuhr. Der Grundriß aus vier Quadraten wird durch vier große Terrakottakrüge akzentuiert. Das farbenprächtige Blattwerk des goldfarbenen Hopfens an der Innenmauer sorgt für einen auffallenden Hintergrund.

Neben dieser farbenfrohen und herrlichen Anlage gibt es noch zwei einfache Kräutergärten hinter der rückwärtigen Mauer. Mit Kräutern sind auch Rosenlauben unterpflanzt, die den schmalen Waldpfad säumen, der von dem ummauerten Garten, an den Ruinen einer Kapelle vorbei, zu dem Steingarten beim Haus führt. Lady Angus hat ein sicheres Gespür für die Farbe, die Struktur und den Duft der Kräuter in ihrem Garten.

Ein englisches Schatzkästchen

Am Rand eines zauberhaften Dörfchens im englischen Cotswold haben Dr. Peter Taylor und seine Frau einen wahren Garten Eden erschaffen. Wie viele Stadtgärten in England ist auch dieser von der Straße aus nicht zu sehen, weil er hinter einer unauffälligen Steinmauer verborgen liegt. Das Türchen beim Haus läßt nichts von dem knapp einen Hektar großen, herrlichen Grundstück ahnen, das dahinter liegt.

Als die Taylors aus London hierherzogen, gab es nur ein paar guterhaltene Bäume und ein Dickicht von Disteln. Viel Geduld und ungeheure Arbeit haben den Garten in ein großartiges Kräuter- und Blumenparadies verwandelt. Bäume und schattenliebende Pflanzen umsäumen den schönen Rasen, der bis zu dem steilen, terrassierten Hang am Haus reicht. Dort hat man mehrere unterschiedliche Gärten angelegt.

Vom unteren Garten, der von einer hübschen Steinmauer gehalten wird, führt ein breiter Kiespfad vom Haus weg an der gesamten Längsseite des Gartens entlang. „Als wir ankamen, war hier nur

LINKS: Ein sanft gewundener Pfad führt zu einer Bank, auf der man das spektakuäre Farbenschauspiel von Frauenmantel, Katzenminze, Rittersporn und Rosen genießen kann.

RECHTS: Der unscheinbare Hauseingang straft den großartigen Garten, der dahinter liegt, Lügen.

der Pfad", sagt Dr. Taylor. „Den Buchsbaum brachten wir aus unserem Londoner Garten mit." Jetzt wird der Weg zu beiden Seiten von einer grandiosen Mischung aus Katzenminze, Frauenmantel, Salbei und Buchsbaum gesäumt, während sich darüber Rosen und Clematis über einige Lauben ranken. Der Pfad führt zu einer Bank, von der aus man den Garten genießen und dem fröhlichen Gezwitscher der Vögel lauschen kann. Ein paar Treppenstufen leiten zur nächsten Ebene mit einem alten, zum Schuppen umfunktionierten Gartenhaus und einer

OBEN: Rosen und einige der dreißig Clematisarten, die im Garten wachsen, klettern an den Lauben am Weg hoch.

LINKS: Lauchzwiebeln, Fenchel und die leuchtend orangefarbenen eßbaren Blüten der Ringelblumen bereichern die Pflanzenvielfalt im formal angelegten Kräutergarten.

RECHTS: Goldenes Blattwerk betont die Farben der Kräuter und Blumen.

winzigen Terrasse über. Der daran angrenzende, weitläufige formale Garten basiert auf einem Kreis, einem Quadrat und einem Oval, ist aber so üppig bepflanzt, daß das eigentliche Muster fast verborgen ist.

Auf der dritten und letzten Ebene bauen die Taylors ihr Gemüse an. Da sie auch Pilze züchten, verfügen sie immer über Pilzkompost, mit dem sie den Garten versorgen. Vor allem im Frühjahr düngen sie die Erde wegen der Langzeitwirkung mit Blut- und Knochenmehl.

Obwohl seine einzige einschlägige Erfahrung der Gemüseanbau im Zweiten Weltkrieg war, ist Dr. Taylor ein begeisterter Gärtner geworden, der einen Großteil seines Ruhestandslebens mit Planen oder Pflanzen verbringt. „Zuerst denke ich mir etwas aus", sagt er, „und dann bringe ich es zu Papier." Jeder Plan wird noch oft abgeändert. „Hin und wieder

VORHERGEHENDE SEITEN: Von einer Stützmauer aus gesehen, wirkt der Garten von Dr. Taylor wie ein Kaleidoskop von Farben und Formen. Mohnblumen, hochaufragender Fingerhut und Rittersporn recken sich gen Himmel. Im Hintergrund die alte Steinmauer und das wiederhergestellte Gartenhaus.

RECHTS: Buchsbaum grenzt die üppig bepflanzten, geometrischen Beete im Kräutergarten ein. Königskerze und Fingerhut dürfen ungehindert dort wachsen, wo sie sich aussamen, und goldfarbener Salbei bringt auch ohne Blüten Farbe in den Garten. Die mannigfaltigen Formen von grünem Blattwerk sind für die Gartenpalette ebenso wichtig wie die Blumen selbst.

UNTEN: Ein altes Steinbecken, eingerahmt von Wollziest, Thymian und Heiligenkraut.

läuft es nicht so, wie man es sich vorgestellt hat", fügt er hinzu. „Wenn das passiert, setze ich die Pflanzen anderswo ein. Farbkombinationen beispielsweise sind eine sehr persönliche Angelegenheit. Manchmal sind Farben, die sich beißen, einfach lustiger. Wichtig ist, daß der Garten als zusammenhängende Einheit wächst."

Obwohl das Klima in Cotswold günstig ist, fällt die Temperatur gelegentlich auch unter den Gefrierpunkt, aber nie sehr lange. „Wir haben hier immer wieder Spätfröste, wenn die Bäume schon blühen", sagt Dr. Taylor. „Das ist schlecht für die Pflaumen und gut für die Birnen. Aber man arrangiert sich mit der Natur, denn eines ist sicher: man kann nicht gegen sie arbeiten."

LINKS: Harmonische Farben, üppige Pflanzungen und ein sich wiederholendes Pflanzenmuster lassen diese gewundene Rabatte in Jane Rivkins Garten auf Long Island besonders schön aussehen.

RECHTS: Die herrliche Doppelrabatte in Jenkyn Place in Hampshire, England, ist ein großartiges Beispiel dafür, wie interessant gewollte Regelübertretungen wirken; hier hat man einige hohe Pflanzen nach vorn gesetzt.

UNTEN: Kletterrosen bilden einen hübschen Hintergrund für die farbenprächtige Rabatte auf Manor Farm in Wiltshire, England. Kissen von Frauenmantel, Gartennelken und anderen Niedriggewächsen bilden einen interessanten Kontrast zu hoch aufragenden Pflanzen.

Rabatten

Bei einem englischen Garten denkt man unwillkürlich an überquellende Rabatten mit einer Fülle farbenprächtiger Pflanzen. Häufig werden auch Kräuter mit in die Rabatten gepflanzt, sie bereichern diese durch ihre Farben, Formen und den betörenden Duft. Diese gelungene Mischung ist ein Erbe aus dem Mittelalter, als man zwischen Kräutern und Blumen noch wenig Unterschied machte, da man für fast jede Pflanze im Garten eine nützliche Verwendung fand.

Rabatten sind Beete vor einem Gebäude, einer Mauer, einer Hecke, einem Zaun oder ähnlichem. Manchmal ist es nur ein schmaler Streifen, doch am schönsten wirken sie bei einer Breite von zwei bis zweieinhalb Metern, wenn man sie üppig bepflanzen kann.

Bei einer recht breiten Rabatte läßt man an der Rückseite des Beetes einen schmalen Streifen als Zugang frei. Ein paar Trittplatten erfüllen denselben Zweck, sehen aber vielleicht etwas kahl aus.

Wollziest, Frauenmantel, Katzenminze, Zitronenmelisse und Lavendel sind wirkungsvolle mehrjährige Pflanzen für den vorderen Rabattenbereich. Weiter hinten machen sich Päonien, Mohn, Monarde, bronzefarbener Fenchel, Eisenhut, Königskerze, Beifuß, Schafgarbe und Rosen jedes Jahr sehr schön.

Bei Rabatten mit mehrjährigen Pflanzen muß der Boden vor dem Einsetzen gut vorbereitet werden. Später läuft man immer Gefahr, die Wurzeln zu beschädigen. Graben Sie mindestens 30 bis 60 Zentimeter tief um. Geben Sie Dünger und organischen Humus hinzu, damit der Boden krümelig wird, und, wenn er recht schwer ist, eventuell etwas Bausand zur besseren Dränage. Prüfen Sie den pH-Wert, und verbessern Sie die Erde falls notwendig mit Kalk.

Wenn man ein paar grundsätzliche Richtlinien beachtet, kann eigentlich nichts mehr schiefgehen. Damit die Rabatte die ganze Saison über gut aussieht, sollten Sie Blütezeiten und Farben berücksichtigen. Ein Pflanzplan mit durchsichtigen Folien für jeden Monat der Wachstumszeit ist dabei eine gute Hilfe. Übertragen Sie die Blühzeiten der Pflanzen in Farbe auf die Monatsfolien, und Sie werden schnell einen guten Überblick bekommen. (Mehr über Farben siehe Seite 14.) Bei der Anlage Ihrer Rabatte planen Sie für jede Art mindestens drei Pflanzen, die in einem Dreieck gruppiert werden. Lassen Sie dabei rings um jede Pflanze genügend Platz, damit sie zur vollen Größe heranwachsen kann. Die meisten mehrjährigen Exemplare werden Sie nach 2 bis 3 Jahren teilen müssen. Dadurch erhalten Sie Ableger für einen anderen Teil des Gartens oder für Freunde. Die einzelnen Pflanzgruppen sollten sich in regelmäßigen Abständen entlang der Rabatte wiederholen, das ergibt ein einheitliches und rhythmisches Bild.

Die Pflanzenhöhe ist für das optische Gesamtbild ebenfalls zu bedenken. Die Faustregel lautet: hohe Pflanzen an die Rückseite der Rabatte, halbhohe in die Mitte und niedrige, wildwuchernde nach vorn. Aber

OBEN: Rosen rahmen eine Rabatte in Little Bowden in Berkshire, England ein. Einige Stiele tiefblauen Rittersporns sind ein reizvoller Blickfang in dem ansonsten niedrigen Bewuchs.

OBEN RECHTS: In Los Angeles hat Dominique Dominguez-Branne mit den Farben Rosa, Lavendel und Weiß sowie mit grauen Blättern eine kühl wirkende Rabatte geschaffen, die mehr an England als an Kalifornien erinnert.

RECHTS: Die Auffahrt in Chisenbury Priory in Wiltshire, England, säumen wunderbar farbenprächtige Pflanzen wie Katzenminze, Rittersporn, Frauenmantel und Wolfsmilch. Die stacheligen grauen Distelblätter setzen einen überraschenden Akzent.

wie alle Regeln kann man auch diese absichtlich übertreten, um die Rabatte interessanter zu gestalten. Sie werden feststellen, daß beispielsweise ein hochaufschießender Fingerhut ganz gut vorn in die Rabatte paßt, wo er sich vielleicht selbst ausgesät hat.

Achten Sie auf Formen und Strukturen. Niedrige, rundliche Pflanzen wie silbriger Beifuß oder Katzenminze wirken interessant neben hochaufragendem Fingerhut oder Königskerzen, desgleichen der Kontrast zwischen pelzigem Wollziest und großem Speik. Denken Sie daran, breite Rabatten mit Stauden und kleinen blühenden Bäumen zu strukturieren. Blumenzwiebeln und einjährige Pflanzen sorgen dazwischen für Farbe und verdecken die Lücken, die ausgelaugte mehrjährige Pflanzen hinterlassen. Seien Sie vor allem bereit, Fehler zuzugeben, und ordnen Sie die Pflanzen so lange neu an, bis die Rabatte Ihrer Traumvorstellung entspricht.

OBEN RECHTS: Die Rabatte in Pat Rodgers' Garten in Somerset ist noch relativ jung, aber schon beneidenswert üppig. Eine Eibe im Figurenschnitt ist ein unerwarteter, aber gelungener Blickfang.

OBEN: Ryan Gainey gestaltet mit Kräutern, Blumen und kleinen Stauden eine zu allen Jahreszeiten interessante, schmale Rabatte.

RECHTS: Kräuter und Blumen stehen in dieser Hangrabatte in Knightshayes, Devon, einträchtig nebeneinander.

1814

Kräuter und Antiquitäten

Jackie Butera ist Antiquitätenhändlerin, Künstlerin und Gärtnerin. Um Kräutergärten hatte sie sich nie gekümmert, bis sie plötzlich einen entdeckte – in Skipjack, Pennsylvania, gegenüber von ihrem damaligen Laden. „Nachdem ich diesen Garten gesehen hatte, ging ich nach Hause, rupfte das Gemüse und meine anderen Pflanzen aus und ersetzte sie durch Kräuter", erzählt sie. Der Garten und die Projekte, zu denen ihre Kräuter sie angeregt haben, haben ihren künstlerischen Horizont erweitert. Und da sich ihr Laden jetzt in einer alten Scheune beim Haus befindet, hat sie auch mehr Zeit, um beides zu genießen. Die Kräuter nutzt sie sogar beruflich: Sie hält Vorträge, bietet Führungen durch ihren Garten an und stellt Potpourris und andere Dinge aus Kräutern für den Laden her.

Jackie stellt die Pflanzen nach Farbe, Größe und Struktur zusammen. Der Hauptkräutergarten liegt, umgeben von einem Lattenzaun, inmitten der Rasenfläche. Dadurch sind die Kräuter weit genug von den schattenspendenden Bäumen rund ums Haus entfernt und bekommen genügend Sonne. Ein kleinerer, eher zwanglos bepflanzter Kräutergarten

LINKS: Den mit einem Lattenzaun umgebenen Kräutergarten, der über Trittplatten aus Schiefer begehbar ist, zieren eine alte Pumpe, Strohhüte und Lockvögel.

RECHTS: Auf der kleinen Veranda vor der Küche warten alte Eimer, getrocknete Kräuter, Gläser mit Kräuteressig und Tomaten auf ihren Einsatz.

RECHTS: Der mit einem Lattenzaun eingefriedete Hauptgarten liegt hinter dem Haus. Auf drei Zaunecken stecken Windkreisel, auf dem vierten ein Vogelhaus.

LINKS: Eine Frankreichreise brachte Jackie auf die Idee, zerstoßene Austernschalen auf den Pfad zu streuen; ähnliche Pfade sieht man aber auch in Virginia und Delaware häufig, wo die Muschelfischerei ein wichtiger Industriezweig ist.

befindet sich direkt vor der Küchentür, damit sie beim Kochen die Würze rasch bei der Hand hat. Beide Gärten sind mit Objekten dekoriert, die Jackie auf ihren Reisen zusammengetragen hat.

Jackie ist eine gelassene Gärtnerin: „Bei mir artet die Pflege des Gartens nicht in Arbeit aus. Ich habe ein paar alte Gartengeräte, einen alten Grubber, den ich beim Einzug fand, und ein Gartenwiesel.“ Von der Gartenschere macht sie erbarmungslos Gebrauch, dagegen mulcht sie eher selten und schützt die Pflanzen auch nicht vor dem pennsylvanischen Winter, bis auf einige Lavendelbüsche, die sie mit Kiefernästen abdeckt. „Ich finde, das ist alles unnötige Arbeit. Es ist mühsamer, durch den Mulch hindurch Unkraut zu jäten, und wenn man statt dessen mit einem Gerät arbeitet, pflegt man gleichzeitig den Boden, und er wird schön weich.“ Schädlinge hält sie mit „Nana's Bug Juice“ in Schach, einer Mischung aus sechs Knoblauchzehen, einer Tasse Essig, drei Tassen Wasser und etwas Cayennepfeffer. Diese Zutaten läßt sie drei Tage lang ziehen, seiht sie dann ab und sprüht die Brühe auf die Pflanzen. Die allmorgendliche Arbeit im Garten hält das Unkraut in Schach. „Für mich ist es keine lästige Pflicht“, sagt sie. „Ich gehe gern um 7 Uhr morgens hinaus und trinke Kaffee. Alle Bienen schwirren herum, und der Duft ist himmlisch.“

OBEN. Eine blaue Schubkarre und ein rustikales Vogelfutterhäuschen direkt vor dem Küchengarten verstärken die ländliche Atmosphäre.

Pat Petrondis Blumenliebe ist wohl erblich bedingt: ihre Großmutter und ihr Großvater waren Floristen. Ihren ersten Garten legte sie vor Jahren an, als ihre Kinder noch klein waren. Sie nutzte ihn in erster Linie für ihre Trockenblumenarrangements, mit denen sie ihr neues Haus schmückte. Abwechslungsreicher gerieten ihre Objekte durch die Unkrautpflanzen, die sie auf nahe gelegenen Feldern sorgfältig aussuchte. Freunde, die ihre Sträusse bewunderten, bekamen zum Abschied meist einen geschenkt.

Als ein Geschäftsmann vom Ort jemanden suchte, der sich mit Trockenblumenarrangements auskannte, begann Pats Karriere als „Unkraut-Lady". Ihr Hobby hat sich buchstäblich zu einem blühenden Unternehmen entwickelt, und ihr Mann Jim ist jetzt ausschließlich mit der Züchtung von Kräutern und Blumen beschäftigt.

LINKS: In den Hochbeeten im Kräutergarten stehen Wollziest, Lavendel und Katzenminze, die sich alle gut trocknen und für Kränze und Sträuße verwenden lassen.

RECHTS: Der Kranz an der Scheunenwand ist ein ganz besonderes Exemplar. Er ist aus Beifuß, Schafgarbe, Kugelamaranth und Rainfarn gebunden. In der Mitte steht ein Bienenkorb.

Kränze aus Kräutern

„Ich züchte die Kräuter hauptsächlich für meine Kränze", verkündet Pat, „hin und wieder experimentiere ich auch in der Küche damit." Als sie und ihr Mann dieses Bauernhaus kauften, gab es schon einen Garten mit einigen Kräutern. „Ich dachte mir, der Bauer hier hatte sicher gewußt, wo die Sonne am besten scheint", erinnert sie sich, „also beschloß ich, meinen Garten an derselben Stelle anzulegen."

Als erstes bereitete sie den Boden vor. Mit ihrer Tochter grub sie Mist aus dem aufgelassenen Hühnerstall in den Boden ein. „Ich glaube, der Garten ist aus diesem Grund so gelungen", sagt Pat. Obwohl Kräutergärtner normalerweise starkes Düngen vermeiden, weil sich dadurch die Menge an ätherischen Ölen in den Blättern verringert und das Aroma an Intensität verliert, hat bei Pat Größe Vorrang vor Geschmack. „Man sagt, Kräuter bräuchten keinen guten Boden", erklärt sie, „aber da bin ich anderer Meinung. Wir graben jährlich eine Schicht von zehn

LINKS OBEN: Wollziest und Salbei wachsen um eine kleine Sonnenuhr.

LINKS UNTEN: Den Charme dieses Gartens machen die großzügig gepflanzten einzelnen Kräutersorten aus. Die Vogelhäuser vor dem Garten ziehen die Blicke magisch an.

bis 15 Zentimeter Champignonkompost in die Beete ein, und die Leute staunen immer, wie groß meine Pflanzen sind. Man kann ihnen zusehen, wie sie wachsen. Sogar einjährige Pflanzen werden innerhalb von einem Monat riesig."

Mit Hochbeeten trennten sie die einzelnen Pflanzflächen voneinander ab und umgaben sie dann mit einem einfachen Zaun. Da hinter dem Garten vier Hektar Ackerland liegen, sorgt die Eingrenzung für die nötige Struktur. Der selbstgemachte, rustikale Zaun war für die Petrondis eine dekorative und preiswerte Lösung.

Beim Anlegen der Beete verließ sich Pat eher auf ihre Intuition als auf eine Pflanzliste. „Ich wußte, daß ich Beifuß, Salbei, Thymian, Rosmarin, Zitronenverbene und Pfefferminzsorten haben wollte – alles, was ich trocknen und in meinen Kränzen verwenden kann", erinnert sie sich. „Aber es wachsen auch Blumen im Garten, weil ich Farben mag."

OBEN: Im alten Hühnerhaus werden Kräuter und Blumen aufbewahrt, aber die Außenwände sind immer mit Kränzen, alten Geräten, manchmal sogar mit einem Wespennest geschmückt und bilden einen hübschen Gartenhintergrund.

RECHTS: Das alte Waschhaus wird jetzt als Trockenschuppen eingesetzt.

RECHTS: Charles Shaw legte seinen Garten in Ohio auf einer mit Gras bewachsenen Böschung an. Ein Pfad führt den ganzen Garten entlang, und eine kleine gepflasterte Fläche bietet Raum für einen Sitzplatz.

UNTEN: In Nashville pflanzte Ruth Warner ihren Kräutergarten am sonnigsten Fleck und umzäunte ihn dann, um die Hunde fernzuhalten.

Der freistehende Garten

Freistehende Gärten lockern auf reizvolle Art Rasenflächen oder Felder auf. Sie können einfach mit Steinen umgeben sein. Manchmal haben sie aber auch Abgrenzungen aus Buchsbaum oder anderen Pflanzen, oder sie sind mit Steinmauern und Zäunen eingefaßt. Vor dem 13. Jahrhundert hatte man um viele dieser Gärten aus praktischen Gründen einen Zaun gezogen. Das hatte die Vorübergehenden jedoch sicher nicht daran gehindert, sich unter die schattenspendenden Bäume zu setzen und den Duft der Kräuter zu genießen. Ab Mitte des 13. Jahrhunderts aber gibt es Quellen, die die Anlage von reinen Vergnügungsgärten bezeugen – bezaubernde Zufluchtsorte, in denen Obstbäume und Blumen, Kräuter

und Wasserspiele zu geometrischen Mustern kombiniert wurden. An diesen Orten konnte man sich von den Alltagspflichten erholen, zu romantischen Stelldicheins verabreden oder der Kontemplation hingeben. Die Nachfahren dieser Gärten findet man in den sogenannten Gartenzimmern, die hinter hohen Hecken verborgen lagen, in den ummauerten Küchengärten der viktorianischen Zeit oder auch in den umzäunten Gärten mitten auf einer Rasenfläche oder einem Feld. Je höher die Hecke oder die Mauer ist, desto verzauberter und abgeschiedener wirkt der Garten.

OBEN: Den Kräutergarten in Jenkyn Place in Hampshire, England, umgibt eine luftige Wand aus ineinander verschlungenen Bäumen.

LINKS: In Ohio schuf Marnie Diltz einen lebenden Zaun aus Eberraute. Ihr strenger Duft belebt die Luft, wenn der Wind hindurchbläst.

UNTEN: Ein Holzzaun um einen einfachen Kräutergarten verleiht diesem Klarheit und Struktur.

Ein eingefriedetes Gelände eignet sich ideal für einen formalen Kräutergarten oder einen Küchengarten. An Mauern kann man Rosen, Hopfen, Clematis oder andere Kletterpflanzen wachsen lassen und Spalierobstbäume abstützen. Sehr hübsch machen sich ein Brunnen oder eine Bank in der Mitte.

Freistehende Inselbeete vermitteln auch ohne Zaun ein Gefühl von Geborgenheit wie ein umfriedeter Garten. Sie waren im frühen 19. Jahrhundert sehr beliebt, als das Sammeln von Pflanzen seinen Höhepunkt erreichte und die Gärtner mehr daran interessiert waren, die Natur zu erobern als sie nachzuahmen. Man entwarf Gärten, um Pflanzen muster-

OBEN LINKS: Mary Emmerlings freistehender Kräutergarten auf Long Island ist mit einem einfachen Staketenzaun eingefaßt. Kunsthandwerklicher Zierat betont die fröhliche Mischung aus Kräutern und Blumen.

OBEN RECHTS: Dulcey Mahar legte diesen mit Buchsbaum eingefaßten Blumen- und Kräutergarten auf dem Rasen hinter ihrem Haus in Portland, Oregon, an, damit sie bei der Arbeit immer einen schönen Blick hat.

LINKS: Ein Rosenbogen bildet den Eingang zu Eve Davis' umzäunten Garten in Atlanta. Eigentlich ist es ein Küchengarten, aber nun wachsen dort auch Blumen und Zierkräuter wie Beifuß und Wollziest.

UNTEN: In Knightshayes in Devon, England, steht ein moosbewachsener Zierpfosten aus Zement in einem Beet mit Katzenminze.

haft zur Schau zu stellen, und kleine Beete mit Bäumen, Stauden oder Blumen setzte man immer dorthin, wo sie am besten bewundert werden konnten. Heute sind freistehende Beete zum Beispiel von Vorteil, wenn die Rasenmitte der einzige Platz ist, der genügend direkte Sonne erhält, oder wenn jedes erdenkliche Fleckchen neben einer Mauer, einem Zaun oder einem Pfad schon bepflanzt ist und die Gartenleidenschaft immer noch weitere Blüten treibt. Für eine gute Gestaltung sollte das Beet aber in irgendeiner Form in den Garten eingebunden sein.

Die Insel muß den übrigen Garten atmosphärisch fortführen; so kann man je nachdem geometrische Flächen oder freie Formen wiederholen. Verwenden Sie dieselben Einfassungen wie an anderer Stelle, und versuchen Sie das Beet mit einem räumlichen Bezug zu Garten oder

Gebäuden anzulegen. Ein Pfad mindert zwar die Abgeschiedenheit einer freistehenden Pflanzung, verbindet sie aber auch mit dem restlichen Garten. Bei einem Inselbeet ordnet man die größten Pflanzen in der Mitte an, zu den Rändern hin werden sie dann niedriger. Man sollte dabei bedenken, daß das Beet später von allen Seiten zu sehen ist.

Trittplatten erleichtern bei einem breiten Beet das Unkrautjäten und die allgemeine Pflege.

RECHTS: Bunny Van Valeys Garten in New Hampshire besteht aus mehreren freistehenden Flächen. Hier wachsen die Pflanzen rund um einen abgesenkten Bereich. Fast alle Pflanzen stammen von Ablegern, von Streifzügen oder Freunden.

UNTEN: In einer anderen Ecke von Bunnys Garten gleicht eine Stützmauer aus Stein die Böschung aus.

Die wohlgeformte Kräuterpflanze

GANZ LINKS: Ein paar alte Bäume wurden rigoros bis auf den Stamm zurückgeschnitten, um auch ihnen die markanten Formen zu verleihen, die dem Garten ihren Stempel aufgedrückt haben.

LINKS: Ein englischer Künstler half Nicole bei der hübschen Skulptur am Eingang, die aus einigen sorgfältig ausgewählten Steinen und einem antiken, von Hand behauenen Wassertrog besteht, den sie in den Trümmern fand.

Wer die enge Straße in der alten provenzalischen Hügelstadt Bonnieux hinuntergeht, erwartet wohl kaum den originellen und spektakulären Garten, der sich hinter den unscheinbaren Mauern von Nicole de Vésians altem Steinhaus verbirgt. Nicole, eine ehemalige Trendforscherin, lebte in einer ehemaligen umgebauten Kapelle auf der anderen Seite dieses unverfälschten französischen Städtchens, als sie vor einigen Jahren in Rente ging. Eines Tages führte das Schicksal sie zu einem alten, verfallenen Haus, das gerade zum Verkauf stand. Sie erkannte das große, verborgene Potential hinter der baufälligen Ruine und sah in Gedanken schon einen terrassierten Garten, von dem aus man herrliche Ausblicke über das Tal haben würde. Aber eigentlich zogen sie vor allem die wunderschönen alten Steine in Haus und Garten an, so daß sie das Anwesen schließlich kaufte.

RECHTS: Eine Schicht aus kleinen Steinen bedeckt die sonnige Terrasse beim Lavendelfeld.

Obwohl sie das Haus sechs Monate lang nicht beziehen konnte, fing Nicole sofort mit der Arbeit im Garten an. Als erstes räumte sie den Schutt weg, der sich dort angesammelt hatte. Dann begann sie mit der Terrasse, die sich vom Haus aus öffnet, und setzte die Anlage allmählich den Hang hinunter fort. Während der Renovierung wurde jeder der vielbewunderten Steine sorgfältig aufbewahrt und wiederverwendet. Einige von ihnen wurden zu Stufen, die die obere mit der unteren Terrasse verbinden. Und als ein Teil der Terrassenstützmauer einbrach, pflasterte sie mit diesen Steinen einen Boden im Innern.

Nicole schwört in ihrem Garten ganz besonders auf die im Mittelmeerraum heimischen Kräuter wie Rosmarin, Heiligenkraut, Lavendel, Salbei und Thymian, und sie verwebt ihre Strukturen und Farben zu lebendigen Flickenteppichen. „Es ist, als ob ich Objekte zusammenstelle. Ich mische und kontrastiere die Größe und die Farben der Pflanzen. Selbst wenn es nur drei verschiedene Pflanzen sind, so wirken sie doch immer wieder anders", bemerkt sie. Wenn die Pflanzen an der richtigen Stelle stehen, legt sie Steine dazu, um die Gesamtwirkung zu harmonisieren und aufzuhellen.

Obwohl es im Garten keine Blumen gibt, außer einer Stockmalve (das Geschenk eines Vogels) und einer Rose (das Geschenk eines Freundes), übt er eine unwiderstehliche sinnliche Anziehungskraft aus. Ein paar Artischocken, die hauptsächlich wegen ihrer markanten gezackten, grauen Blätter angebaut wurden, dürfen auch ihre distelähnlichen Blüten entfalten.

Jedesmal, wenn Nicole von der Gärtnerei oder dem Garten eines Freundes mit einer neuen Pflanze nach Hause kommt, verändert sich das Gesicht ihres Gartens. Eine ausgetauschte oder neu hinzugefügte Pflanze löst manchmal eine Lawine weiterer Umpflanzungen aus, weil sich das Verhältnis zwischen den Farben und Größen verändert hat.

Die Leute finden Nicoles Garten so ansprechend, und sie hatte so viele Anfragen, daß sie eine neue Karriere als Gartenplanerin begonnen hat. Bei einem Entwurf berücksichtigt sie den Lebensstil des Besitzers, doch Örtlichkeit, Klima und Art des Bodens bestimmen, was gepflanzt

RECHTS: Nicole pflanzte ein Lavendelfeld unter den Pfirsichbäumen auf der untersten Ebene, fand es dann aber zu langweilig und entfernte im mittleren Teil unbarmherzig die Blüten, um dem Auge mehr Anreiz zu bieten.

LINKS UND RECHTS: Weitere schöne Beispiele dafür, wie Nicole Steine in den Garten integriert.

UNTEN: Das Atelier öffnet sich auf die obere Terrasse. Von hier aus kann Nicole über die exakt gestutzten grünen Kugeln auf die Berge in der Ferne schauen.

werden kann. „Man muß den Lauf der Sonne beobachten, die Sommerhitze und den Winter berücksichtigen", erklärt sie, „alle zwei Jahre fallen hier ein paar Zentimeter Schnee, und es gibt immer ein paar sehr kalte Tage." Und natürlich muß man mit den spärlichen Regenfällen während der Sommermonate und den anhaltenden Mistralwinden fertig werden. Die anspruchsvollen Klimabedingungen unterstreichen, wie wichtig es ist, sich in dieser Gegend auf heimische Kräuter und Bäume zu konzentrieren.

Aber am meisten beschäftigt Nicole die Beziehung zwischen Haus und Garten. „Sie müssen zusammenpassen", beharrt sie. „Schließlich spielt sich das Leben zwischen diesen beiden Bereichen ab."

VORHERGEHENDE SEITEN: Der Garten besitzt wunderschön modellierte Pflanzen, die den Blick mit ihren zarten Grüntönen, den kontrastierenden Strukturen und den sorgsam im Zaum gehaltenen Formen fesseln. Inspiration fand Nicole zum Teil bei dem Besuch eines chinesischen Gartens mit seinen kugelig zurechtgeschnittenen Pflanzen.

LINKS: Große Rosmarin- und Buchsbaumkugeln stehen um eine Steinbank. Zwischen den Terrassensteinen wächst hartnäckig Thymian.

Die Kunst der Form

OBEN: Ein bezaubernder Buchsbaumkorb begrüßt die Besucher dieses englischen Hauses.

LINKS: Die rundlichen Buchsbäumchen und ordentlich in Form gechnittene Eibenkegel im formalen Kräutergarten in Westbury Court in Gloucestershire setzen Akzente im Grundplan und verleihen dem Garten ein interessanteres Aussehen.

RECHTS: Durch Nicole de Vésians schonungsloses Zurechtstutzen erhielt diese gewöhnliche Zypresse ein ganz neues Aussehen.

UNTEN: Zwei Buchsbaumsessel wachen von der Terrasse aus über den Garten.

Die eigenartige Kunst des Formschnitts haben sich vermutlich Gärtner aus dem alten Rom einfallen lassen. Von dort gelangte sie nach Frankreich und schließlich nach England. Auch heute noch huschen Vögel und Kaninchen über Rasenflächen mit sorgfältig gestutzten Kugeln, Kegeln und Würfeln, die vielen Gärten Struktur und Reiz verleihen. Die Figurenschnittkunst ist auch ein wichtiges Element der Gartenarchitektur: Hecken teilen den Garten in „Zimmer“ auf, eventuell sogar mit Fenstern oder Torbögen, und Bäume und Büsche lassen sich so heranziehen, daß überdachte Wege entstehen.

Von den Büschen werden am häufigsten die Eiben verwendet, obwohl sich auch einige Wacholder, Zypressen und andere nicht zu den Kräutern gehörende Büsche eignen. Schneiden Sie einen vorhandenen Busch soweit zurück, bis er rundherum ein wenig kleiner als geplant ist. Dann bringen Sie die jungen Triebe in die gewünschte Form. Oder

Sie kaufen eine gesunde neue, nicht zu große Pflanze, die das Umpflanzen noch verträgt. Halten Sie die beschnittene Pflanze immer gut feucht und frei von Unkraut (hier hilft Mulch), und düngen Sie etwas öfter als sonst. Sorgen Sie dafür, daß der Busch genug Platz zum Wachsen hat – der Formschnitt hält sein Wachstum nicht auf –, und stellen Sie ihn möglichst an einen rundum sonnigen Platz.

Am leichtesten lassen sich geometrische Formen erzielen; für kompliziertere Schnitte braucht man ein wenig künstlerisches Talent oder eine vorgefertigte Drahtform, die man auf den Busch legt und sich beim Schneiden daran orientiert. (Dieser Rahmen verschwindet zum Schluß unter den Blättern.) Entscheiden Sie sich für eine Form, suchen Sie sich einen passenden gesunden Busch und schneiden Sie dann

OBEN: Den Pfad, der in Levens Hall im englischen Lake District zu einer grob behauenen Steinbank führt, begrenzen eine Hecke und ordentlich gestutzte Kegel aus Buchsbaum.

RECHTS: In Hascombe Court in Surrey, England, schneidet man Buchsbaum in phantasievolle Formen, die ins Auge fallen.

OBEN: Der französische Modedesigner Bernard Perris zieht eine Formschnittpflanze in Taubenform in seinem Garten in der Provence.

RECHTS: Rosenbäumchen entstehen durch Pfropfen und sind empfindlicher als ein gewöhnlicher Rosenstrauch. Schützen Sie sie in kalten Wintern, indem Sie die Wurzeln lockern, das Bäumchen hinlegen und Wurzeln und Stamm mit einer dicken Schicht Erde bedecken.

LINKS: Noch eine phantasievolle Form in Hascombe Court.

UNTEN: Sorgfältig zugeschnittene Hecken wirken wie lebende grüne Mauern im Garten von Little Bowden in Berkshire. Sie trennen den Tümpelbereich vom übrigen Garten, während abgerundete Buchsbaumkegel und ein Rosenbäumchen eine Rabatte interessanter wirken lassen.

einen ungefähren Umriß. Man muß in einem Jahr zwei- bis dreimal nachschneiden. Für kleinere Schnittformen ist die Auswahl an Pflanzen recht groß: Heiligenkraut, Lavendel, Rosmarin, Thymian, Salbei und Buchsbaum lassen sich alle zu runden Kugeln wie die in Nicole de Vésians Garten stutzen, und Buchsbaum, Rosmarin und Lorbeer werden hoch genug, daß Sie sie zu Kegeln oder sogar Bäumchen schneiden können. Andere Kräuter wie Lavendel, Duftgeranien, Rosen und Myrten machen sich ebenfalls gut als Formschnittbäumchen.

Winzige Formschnittpflanzen gibt es in Ihrer Gärtnerei oder im Versandhandel; sie lassen sich aber auch mit Geduld aus einem Sämling mit einem einzelnen kräftigen Stamm oder aus einem bewurzelten Ab-

OBEN: Eine imaginäre Partie ist immer in Gang mit den als Schachfiguren zurechtgeschnittenen Pflanzen im Garten in Levens Hall im Lake District.

LINKS: Eine lustige Parade von Buchsbaumkugeln, -spiralen und -kegeln säumt und begrenzt einen Weg im Garten von Bourton House in Gloucestershire.

LINKS: Im Het-Loo-Palast in Holland erhöhen die kontrastierenden Formen und Farben von großen Lorbeerbäumen in Kübeln, kegelförmigen Eiben und quadratisch gestutztem Buchsbaum den Reiz des französischen Gartens mit seinen gewundenen Buchsbaumarabesken und dem Bodenbelag aus verschiedenfarbigem Stein.

UNTEN: Wiesenblumen wachsen in streng abgegrenzten Buchsbaumparterres in Ann Cox Chambers' Garten in der Provence.

leger ziehen. Stecken Sie eine kleine Bambusstange neben dem Stamm in den Topf, und binden Sie die Pflanze locker an. Passen Sie die Halterung öfter an – sie darf nie zu eng sitzen. Schneiden Sie alle Seitentriebe ab, nicht aber die Blätter, bis das Formbäumchen die gewünschte Höhe erreicht hat, dann lassen Sie es sich verzweigen. Schneiden Sie die Zweige so lange ab, bis die Kugel schön füllig ist. Dies dauert je nach Pflanze zwischen sechs Monaten und zwei Jahren.

LINKS: Hinter dem französischen Garten bildet ein meisterhafter Formschnitt eine grüne Arkade mit Fenstern über einem hölzernen Laubengang.

Eine Schriftstellerin zieht Kreise

Nachdem ich mich lange abgemüht hatte, Kräuter und Blumen im Schatten zahlreicher Eichen anzupflanzen, zog ich vor sechs Jahren in ein Haus, das in der Mitte eines ehemaligen Kartoffelfeldes lag – weit und breit kein Baum. Da ich die Absicht hatte, den schlammigen Boden rings um das Haus in einen Garten zu verwandeln – eine wahre Herkulesarbeit –, brauchte ich erst mal einen Übersichtsplan; ich wollte die Fehler in Grenzen halten. Der Garten sollte in Etappen wachsen, zum Schluß aber ein zusammenhängendes Ganzes ergeben.

Eine Beratung durch den bekannten Landschaftsarchitekten Tom Wirth war ein unerwartetes Einstandsgeschenk. Gemeinsam schufen wir das wichtigste Strukturelement des Gartens: einen Weg, der am Haus entlangführt, mit einer Rabatte auf der einen und zwei halbkreisförmigen Beeten auf der anderen Seite. Anschließend biegt er ab und verbreitert sich zu einer halbkreisförmigen Terrasse für einen Rosengarten.

LINKS: Mehrere unverwüstliche Thymiansorten wachsen zwischen den Steinen auf dem Pfad.

RECHTS: Der süße Duft der Baldrianblüten erfüllt an Frühsommertagen die Luft.

LINKS: Eine Ligusterhecke umgibt den Rosengarten und schützt so die Pflanzen vor den starken Winden, die über die angrenzenden Felder fegen; außerdem sorgt sie für eine intime Atmosphäre.

UNTEN: Die Robin-Hood-Rosen am Zaun gehören mit zu den unempfindlichsten Sorten. Im Frühjahr tragen sie zahllose wunderschöne rote Blüten und blühen dann periodisch den ganzen Sommer lang.

Obwohl der Garten eigentlich quadratisch ist, wirkt er durch die Form der Terrasse, deren Bogen die Beete aufgreifen, viel lockerer.

Zwar trägt der Garten deutlich meine Handschrift, doch ich habe mir auch viele Inspirationen auf meinen gemeinsamen Streifzügen mit Chris geholt. Besonders schön macht sich in der Rabatte der lila Rittersporn mit dem silbrigen Wollziest und seinen violetten Blüten, durchsetzt mit gelbgrünem Frauenmantel, den ich in einem englischen Haus sah. Als ich dann in der Rabatte nur mehr Kräuter haben wollte, setzte ich Katzenminze statt Rittersporn, damit die Farbgebung gewahrt blieb, und wiederholte diese drei Pflanzen in der vorderen Reihe immer wieder. Dahinter pflanzte ich dann alle möglichen Sorten Schafgarbe, Seifenkraut, silbrigen Beifuß, Vexiernelken, Engelwurz, Baldrian, Eberraute, Amstelraute und Mädesüß, Purpursonnenhut (Rudbeckie), ein paar Rosen und andere Pflanzen.

In Erinnerung an den lieblichen Duft in Alderly Grange bepflanzte ich die Fläche gegenüber des Rosengartens mit Gartennelken, Heliotrop, Baldrian, Minzesorten und Duftgeranien. Diese Beete sind säuberlich mit Edelgamander eingefaßt, der auch die Schutzgitter der Kellerfenster verdeckt. In der Mitte eines jeden Beetes steht ein Fairy-Rosenbäumchen, eines von jenen, auf die ich in Ryan Gaineys Garten so begehrliche Blicke geworfen hatte.

LINKS: Im Frühjahr herrschen in der Rabatte Violett- und Blautöne vor, die dann mit fortschreitender Jahreszeit in Rosa und Violett übergehen, immer mit einem Tupfer Gelb, damit die Farben gut zur Geltung kommen.

Die halbkreisförmigen Beete sind den Küchenkräutern und eßbaren Blumen wie Lemon-Gem-Tagetes, Monarde, Ringelblumen, Kapuzinerkresse, Lavendel und Stiefmütterchen vorbehalten. Verschiedener Gartenschmuck wie eine alte Balustrade, eine architektonische Säule und eine im Blau der Provence gestrichene Bank haben sich im Lauf der Jahre angesammelt. Die viktorianische Ziegeleinfassung aus Savannah, Georgia, verhindert, daß das Gras in die Kräuter hineinwächst.

Der kriechende Thymian auf den mit blauen Tonsandsteinplatten belegten Wegen verleiht dem Garten eine gewisse Patina. Die ersten paar Pflanzen, die ich zwischen die Steine zwängte, waren noch recht unauffällig, aber jetzt muß ich sie zweimal pro Saison zurückschneiden.

Auch in anderen Teilen des Gartens und des Hofes sind die Einflüsse meiner Gärtnerkollegen sichtbar. All die wunderschönen Ziertabaksorten, die ich im Garten eines Freundes gesehen hatte, umgeben nun meinen Kräuterschuppen, und nach meinem Besuch in Major Mordaunt-Hares Garten fügte ich noch ein paar Spornblumen hinzu. Robin-Hood-Rosen, die ich erstmals in Linda Veffers Garten in Ohio gesehen hatte, wachsen über den Staketenzaun hinter dem Schuppen, und beim Haus stehen hinter den Holzapfelbäumen Päonien an dem weißen Zaun, genauso wie bei meiner Mutter. Erst kürzlich habe ich mit einem winzigen Lavendelfeld begonnen. Es erinnert mich an die Provence und die wunderschönen Gärten, die ich dort besichtigte.

Wie viele Gärtner entdecke auch ich dauernd neue Pflanzen, die ich ausprobieren möchte, oder mir kommt eine Idee, was ich mit meinen eigenen tun könnte. Bei allen Neu- und Umpflanzungen denke ich immer an die großzügigen und begabten Gärtner, die ich kennengelernt habe und denen ich so viele Anregungen verdanke.

Nicht für die Ewigkeit

GANZ LINKS: In der Mitte des von einer Mauer umgebenen Kolonnadengartens bewachen vier alte Buchsbaumkugeln den Lilienteich und bilden einen Blickfang für die Apfelbaumalleen. Die Kolonnaden sind mit Rosen, Clematis und Geißblatt bewachsen.

LINKS: Im Landhausgarten rings um den umgebauten Stallkomplex wachsen Rosen, Disteln, Rittersporn und Frauenmantel kunterbunt durcheinander.

Seit einem halben Jahrtausend liegt Heale House friedlich wie ein Kuschelbett in der Landschaft des englischen Wiltshire. Als man im Zweiten Weltkrieg das örtliche Hospital in das hübsche Backsteinhaus verlegte, verwahrlosten die Gärten, aber 1959 begann Lady Anne Rasch mit der Neuanlage.

Der Großonkel ihres Mannes hatte Heale House im Jahre 1894 gekauft und ließ sich 1910 von dem bekannten Gartenarchitekten Harold Peto einen formalen Terrassengarten entwerfen. „Damals hatten sie acht Gärtner", erinnert sich Lady Anne wehmütig. Als die Raschs Heale House bezogen, waren die Kräuterbeete leergefegt. „Da der Garten im typischen edwardianischen Stil angelegt war, fehlten in der Rabatte Sträucher, und es gab keine Blumen mehr", klagt Lady Anne. „Damals hatten wir nur einen Gärtner, dem halfen wir sogar beim Rasenmähen."

Mit Frauenmantel, Raute, Binsenlilien und Sedum zwischen den Steinen sieht die breite Terrasse freundlicher aus. Die Pflanzen säen sich dort so eifrig aus, daß Lady Anne immer wieder (wenn auch halbherzig) versucht, sie durch vorsichtiges Giftsprühen im Zaum zu halten.

RECHTS: Lang blühende Kletterrosen aus dem Jahr 1920 mit längst vergessenen Namen ranken sich über die alte Balustrade.

UNTEN: Durch die selbstausgesäte Königskerze wirken die Obstkörbe auf den Ziegelsäulen, die auch in einen formalen Garten passen würden, nicht so streng.

Nach und nach kamen ihr immer mehr Ideen. Da für die gut drei Hektar noch immer lediglich zwei Vollzeitgärtner und ein paar Teilzeitkräfte zur Verfügung stehen, wollte Lady Anne die Gärten nicht so arbeitsintensiv gestalten. Sie hielt sich an Blumenzwiebel und Sträucher und verzog nur mehr die Löwenmäuler, die die verblühten Tulpen im Spätfrühling ersetzen und sich bis in den Herbst hinein halten. Überall im Garten stehen anspruchslose Büsche und Pflanzen. „Wir setzten sie viel zu dicht", sagt sie, „weil ich keine Erde sehen will." Auf diese Weise wurde auch das Unkraut dezimiert und der Arbeitsaufwand verringert.

Der von Herrn Peto entworfene Terrassengarten ist mit rauhem Yorker Stein gepflastert. Rabatten mit buntblättrigen Pflanzen oben an der Terrasse sind das ganze Jahr über ein Blickfang und bilden einen schönen Hintergrund für Rosen, Päonien und andere mehrjährige Pflanzen. Hohe, mit Rosen bewachsene Pyramiden schaffen eine harmonische Verbindung zwischen den Rabatten und der weitläufigen Terrasse. Auf einem von Lavendel gesäumten Pfad gelangt man zum Haus und zu einem Fischteich mit ähnlichem Bewuchs drumherum.

Den ursprünglich als Rosenziergarten geplanten, von Mauern umgebenen Kolonnadengarten mag Lady Anne am liebsten. Im Krieg wurde dort Gemüse angebaut, aber mittlerweile wachsen auch Obstbäume und Blumen. „Ich hätte nie gedacht, daß wir Gemüse anbauen würden, aber Artischocken und Spargel machen wenig Arbeit und sehen hübsch aus", betont sie. Rings um den Garten teilen sich Spalieräpfel und -birnen den Platz mit Clematis.

Obwohl Lady Anne sich nicht mit ihren gärtnerischen Fähigkeiten brüstet, hat sie in Heale House ein sehr ansprechendes Werk geschaffen. „Alle wollen immer für die Ewigkeit pflanzen", sagt sie. „dabei sind es gerade die Veränderungen, die dem Garten eine persönliche Note geben."

RECHTS: Auf der Terrasse darf diese Königskerze ungestört wachsen.

Kräuter unter den Füßen

Manche Kräuter nehmen es nicht übel, wenn man über sie hinweggeht: sie duften, und sie wachsen weiter. Diese robusten Pflanzen sind ein wahrer Segen in Gärten mit vielen Pfaden, Terrassen oder Veranden. Große Steinflächen wirken ohne grüne Tupfer kalt und abweisend; ein

leichter Bewuchs macht sie romantischer. Ein Pfad erhält weichere Konturen durch Pflanzen, die über die Rabatten hinauswachsen dürfen, oder durch Büschel von Thymian oder Kamille, Poleiminze, wolliger Schafgarbe oder Korsischer Minze, die aus seinen Spalten und Ritzen sprießen. Lassen Sie beim Verlegen von Steinen oder Ziegeln hier und da ein paar Zentimeter Zwischenraum, füllen Sie ihn mit Erde auf, und stecken Sie eine winzige Pflanze hinein. Die Steine nehmen die erste Frühlingswärme auf, so daß das Wachstum früher einsetzt, und sie lassen keine anderen Pflanzen hochkommen.

Auf einer Terrasse setzt man die Pflanzen weiter auseinander, so daß man sie nicht ständig niedertritt. Besonders geeignet sind dort Zwergfrauenmantel, Schnittlauch, Gartennelken und andere Niedriggewächse.

Setzen Sie Kräuter zwischen den Platten sparsam ein, damit das Ganze natürlich aussieht. Die Pflanzen verbreiten sich dann und säen sich selbst in den Ritzen aus. Schneiden Sie sie zurück, wenn sie überhandnehmen.

OBEN: Mary Emmerling pflanzte Kräuter und Blumen wie das Steinkraut zwischen die Steinplatten ihrer Terrasse auf Long Island. Diese Pflanzen brauchen nur zwei bis fünf Zentimeter große Ritzen; durch die Steine sind die Wurzeln vor extremer Hitze und Kälte geschützt.

GANZ LINKS: Mehrere kriechende Thymianpflanzen wachsen um eine alte Pumpe im Garten des Herb Refuge in Ohio. Die über die Rabatten hinauswuchernden Pflanzen verleihen dem Pfad weichere Konturen.

OBEN: Der „Rasen" dieses Anwesens in North Carolina ist eine pflegeleichte Kombination aus Steinen und Thymian. Auch auf Kamille, Poleiminze, wollige Schafgarbe und Korsische Minze kann man treten, ohne daß sie Schaden nehmen.

RECHTS: Ina Victor pflanzte um ihre Terrasse auf Long Island Minze, einen pflegeleichten Bodendecker, der die Sommerluft mit seinem erfrischenden Duft erfüllt.

OBEN: Wollige Schafgarbe als Bodendecker unter einem Lorbeerbaum beim Getty-Museum in Santa Monica.

RECHTS: In Linda Barksdales Seegrundstück bildet eine Matte aus reizvollem und dabei anspruchslosem, wolligem Thymian den Mittelpunkt eines formalen Gartens.

UNTEN: Bunt leuchten auf der Kräuterfarm in Seattle die verschiedenen kriechenden Thymianpflanzen um das kleine Ziegelquadrat.

OBEN: Thymian kriecht über die Terrasse von Oare House in England. Pflanzen verbreiten sich und säen sich selbst in der winzigsten Ritze aus. Da Steine und Ziegel normalerweise auf Sand verlegt werden, haben Kräuter dort eine gute Dränage.

UNTEN: Ein Meer aus kriechendem Thymian überschwemmt die eintönige Ziegelterrasse. Schneiden Sie ihn einfach zurück, wenn seine ästhetische Wirkung nachläßt.

Für den Kräutergarten in Sandra Hogans Zuhause in Connecticut bot sich die große offene Fläche zwischen Haus und Garage an. Die ehemalige Asphaltauffahrt, die sich beim besten Willen nicht mit Grassoden verdecken ließ, war durchaus ein ungewöhnlicher Standort. Doch die bezaubernde Kräuteroase, die hier aus dem Boden sprießt, beweist, daß man mit einer Portion Entschlossenheit überall einen Garten durchsetzen kann.

Zum Glück suchten Mrs. Hogans Sohn Andrew und einer seiner Freunde gerade eine Aufgabe für den Sommer: die Planung und Bepflanzung des Kräutergartens kamen da gerade recht. Beim Graben stießen die Jungen direkt unter der Oberfläche auf Schutt und Asphaltreste. Sobald der Untergrund vorbereitet war – wozu sie einen Bulldozer mieten mußten –, vermischten sie die verwendbare Bodenerde mit großen Mengen Torfmoos, Pferdemist und Ackerkrume und verteilten sie über das ganze Areal. Obwohl die 18 x 21 Meter große Fläche eben aussah, ergab sich doch ein beträchtliches Gefälle.

LINKS: Die Hogans sahen sich viele Photos an und verbanden dann Elemente ihrer zwei Lieblingsgärten zu dem einfachen Entwurf dieser traditionellen Anlage.

RECHTS: Zwischen den Rosen über der Laube wächst purpurfarbene Clematis.

Mit Liebesmüh und Winkelmaß

LINKS: Die formale Struktur des von Edelgamander- und Lavendelhecken eingefaßten Gartens ist sommers wie winters sehenswert. Eine Skulptur von Ed Giobbi bildet den Mittelpunkt.

RECHTS: Die Gärten durch eine Rosenlaube hindurch gesehen.

UNTEN: Ein mit Rosenblütenblättern bestreuter Pfad.

Die Jungen bildeten sich deshalb in der Bücherei zu Vermessungsspezialisten heran und berechneten zwei Wochen lang nur noch Winkel.

Der Garten besteht aus mehreren quadratischen, 2,40 x 2,40 Meter großen Hochbeeten, die die traditionellen Muster alter Klostergärten imitieren. Ihre Gleichförmigkeit wird durch einen Kreis in der Mitte aufgelockert, und das Ganze ist mit einem grauen Lattenzaun und rosenüberwucherten Lauben eingefaßt. Mit Sprühfarbe und vielen Metern

Kordel wurde der Entwurf nach endlosen Messungen auf die Gartenfläche übertragen und entwickelte sich im Laufe der Arbeiten weiter. So waren für die Pfade ursprünglich Ziegelsteine vorgesehen, aber dann fanden die Hogans die blauen Tonsandsteinplatten.

Als die Grundlage geschaffen war, begann Frau Hogan mit der Auswahl und dem Pflanzen von Kräutern. Sie bevorzugte sie, weil die meisten auch auf mangelhaftem Boden gedeihen und nur ganz wenig Dünger benötigen. „Sie werden auch nicht so staksig wie andere mehrjährige Pflanzen", fügt sie hinzu, „sie sind pflegeleicht und deshalb die perfekten Gewächse für einen Wochenendgärtner. Obwohl mir ein klar geordneter Garten vorschwebte, wollte ich ihn doch frei bepflanzen. Jetzt verändert er sich ständig, und das gefällt mir."

FOLGENDE SEITEN: Üppig blühende „New Dawn"-Rosen ranken sich über abgeschiedene kleine Laubensitze und den Zaun rings um den Garten und hüllen ihn mit ihren blaßrosa Blüten in eine duftende Wolke.

Achtzehn Jahre lang unterrichtete John Dallas Landschaftsarchitektur am Napa College in Kalifornien. Daneben hegte und pflegte er seinen sagenhaften Rosengarten im Napa Valley. Jetzt ist er pensioniert und widmet einen Großteil seiner Zeit den mehr als fünfhundert Sorten, die hier wachsen. Die außergewöhnliche Rosensammlung ist John und seinen zahlreichen Besuchern ein ständiger Hort der Freude. „Ich wollte den Leuten klarmachen, daß es außer Teehybriden auch noch andere Rosen gibt", sagt er, „und ihnen plastisch vorführen, wie man Rosen bei der Landschaftsgestaltung einsetzen kann." Und bei einem Spaziergang durch den Garten zeigt es sich, wie vielseitig sich diese wunderschönen Sträucher überall integrieren lassen.

John vermehrt Stecklinge von vielen seiner Pflanzen und verkauft sie bei der Einfahrt an Besucher. „Die beste Zeit, um einen Steckling abzunehmen", rät er, „ist sofort nach der Blütezeit. Entnehmen Sie ihn an dem halbharten Holz nahe der Mitte, spätere Stecklinge am besten aus dem Hartholz." Manchmal bestäuben sich nebeneinander-

LINKS: Eine Laube stützt verschiedene Kletterrosen der Sorten „Royal Sunset" und „Händel" ab, beides Züchtungen der sechziger Jahre.

RECHTS: Die farbenprächtige gefüllte Blüte der „Conrad O'Neil", einer Strauchrosenzüchtung aus dem Jahre 1966.

Rosen
und kein Ende

Selbstversamte, leuchtend orangefarbene kalifornische Mohnblumen bilden einen lebhaften Kontrast zu dem Rosa und Rot – eine besonders intensive Farbenkombination, die unter der Sonne Kaliforniens gut zur Geltung kommt.

stehende Rosen gegenseitig, und es entsteht eine ganz neue Kreation, die John gerne nach einem seiner Enkelkinder benennt.

Für einen Rosenliebhaber wie John, ist das Schneiden keine lästige Pflicht. Er hält sich an die Grundregel und schneidet immerblühende Rosen früh im Jahr vor der Blüte, die Einmalblühenden hingegen nach der Blüte. In kaltem Klima, wo Büsche winters oft teilweise absterben, muß man das verdorrte Holz der Einmalblühenden allerdings vor der Blüte entfernen. In strengen Wintern schützt man die Wurzeln mit einer 30 Zentimeter hohen Schicht aus Ästen oder Erde.

Viele Leute glauben, Rosen erforderten ungeheuer viel Pflege, aber John ist da anderer Ansicht. „Rosen können lange Trockenzeiten überstehen", behauptet er, „sie würden auch allein mit Regenwasser auskommen, aber sie sind gesünder und blühen besser, wenn man sie regelmäßig gießt." Da es im Napa Valley lange Trockenperioden gibt, hat John ein abgewandeltes Tropfsystem mit einer Zeituhr installiert. Nur die Wurzeln zu bewässern, ist ökologisch sinnvoll und verhindert Schwarzfleckigkeit auf den Blättern. Allerdings verabreicht er seinen Pflanzen auch hin und wieder einen Langzeitdünger. Aber auf das Sprühen verzichtet er völlig. „Ich schaue nicht dauernd auf die Probleme, ich schaue auf die Blumen", sagt er.

OBEN: Buschrosen passen freistehend in tiefe Rabatten oder ergeben, dicht aneinandergepflanzt, eine blühende Hecke.

RECHTS: Niedrigwachsende Fairy-Rosen sehen vorne in einer Rabatte sehr hübsch aus und eignen sich auch als Wegeinfassung.

Rosen sind ein Symbol für Romantik, gleichzeitig gehören sie zu den vielseitigsten Gartenpflanzen. Strauchrosen eignen sich für Rabatten oder als Einzelbüsche, andere wachsen so dicht, daß sie eine Hecke bilden. Kletterrosen wuchern über Zäune und Mauern, Lauben und Pergolen. Ein einfaches Stück Erde wird mit niedrigwachsenden Sorten zum Rosenbeet, und wuchernde Klettervarianten läßt man statt einer Einfriedung am Boden entlangwachsen. Und natürlich dürfen in einem formalen Rosengarten auch die eleganten Teehybriden nicht fehlen.

Unvergängliche Rosengärten

GANZ OBEN: Üppig blühende Strauchrosen in einer Rabatte in Bundels, Devon; Donald Softley hat die verschiedenartigsten Rosen zusammengetragen.

OBEN: Der Lavendel ist eine hübsche Unterpflanzung für das Rosenbäumchen in diesem englischen Garten.

RECHTS: Die Blüten der robusten „Complicata"-Rosen kommen in der Rabatte in Bourton House in Gloucestershire gut zur Geltung.

RECHTS: Leuchtende „Red Hamburg"-Rosen in den buchsbaumgesäumten Beeten auf der Terrasse von Little Bowden in Berkshire, England.

OBEN: „Frensham"-Rosen in Fitz House.

LINKS: Mit weißen Rosen bepflanzte Buchsbaumparterres im Parc Floral des Moutiers in Frankreich.

UNTEN: Über eine Holzlaube gezogene Rosen in Polesden-Lacey in Surrey, England.

OBEN: Im Parc Floral des Moutiers wachsen vor den rosenumrankten Lauben rosa „Ballerina"-Rosen zusammen mit Lavendel und Rosmarin.

RECHTS: Im weißen Garten auf der Garden Valley Ranch in Kalifornien schlängeln sich zwischen Fingerhüten weiße Rosen über Rankgerüste.

Alte Gartenrosen, die vor 1867 gezüchtet wurden und die duftende Einzelblüten bis hin zu Rosetten mit vielen Blütenblättern aufweisen, sind gegenüber Krankheiten und mangelnder Pflege erstaunlich widerstandsfähig. Manchmal entdeckt man sie noch bei einem alten Landhaus. Doch mit der Entwicklung der Teehybriden im späten 19. Jahrhundert verschwanden diese einfachen Rosen fast ganz, weil ihre wildwuchernde Gestalt und begrenzte Blütezeit nicht zu den formalen viktorianischen Rosengärten paßten. Da sie pflegeleichter sind, besser duften und interessantere Blüten als die Teehybriden aufweisen, haben die alten Rosen etwas von ihrer früheren Beliebtheit zurückgewonnen. Viele braucht man nicht zurückzuschneiden, doch sie gedeihen besser, wenn man schwache, abgestorbene oder unschöne Zweige entfernt.

Ältere Stecklinge, die unbiegsam und ausreichend kräftig, aber noch nicht verholzt sind, sollte man nach der Rosenblüte abnehmen. Wenn Sie den Steckling nicht gleich einsetzen wollen, schlagen Sie ihn in ein

LINKS: Im edwardianischen Rosengarten in Polesden-Lacey in Surrey, England, ranken mehrfachblühende, moderne Rosen über Holzpergolen.

UNTEN: Eine Kombination aus Kletter- und Beetrosen ergibt einen hübschen Hintergrund für eine Zementurne auf der Folly Farm in Berkshire, England.

feuchtes Handtuch ein, und stecken Sie ihn in eine Plastiktüte. Tauchen Sie ihn vor dem Pflanzen in ein Bewurzelungsmittel, und setzen Sie ihn dann in feuchte, gut dränierte Erde. Bedecken Sie ihn locker mit einer Plastiktüte, damit die Luft zirkulieren kann, und stellen Sie ihn hell, aber schattig, bis er nach sechs bis acht Wochen Wurzeln ansetzt.

Seit Jahren gehören die Teehybriden zu den begehrtesten Gartenrosen. Sie duften zwar nicht immer, blühen aber mehrmals. Diese Rosen gedeihen am besten, wenn man ihnen zeitig im Frühjahr und dann wieder nach der ersten Blüte mit Dünger vermengten Mist oder Kompost verabreicht. Schneiden Sie Pflanzen im ersten Jahr bis auf 15 Zentimeter, ältere Pflanzen bis auf 30 Zentimeter zurück, und entfernen Sie alles schwache und abgestorbene Holz.

Die neuesten Rosen kommen von dem britischen Rosenzüchter David Austin. Sie vereinen auffallende Blüten, unglaublichen Duft und die Robustheit alter Strauchrosen mit der Dauerblüte moderner Züchtungen. Es gibt sie in allen Größen, und sie eignen sich besonders gut zur Landschaftsgestaltung oder für Rabatten. Damit die Blüten größer werden, schneiden Sie die Pflanzen Anfang Frühjahr stark zurück und lassen nur ein paar Triebe stehen.

OBEN: Rosen an einem einfachen Holzgestell in Bundels.

LINKS: Der Charme der Kletterrosen liegt vielfach in ihren hübsch geschwungenen Trieben; hier zieren sie eine Ziegelmauer auf Littlecote in England. Wenn ein Trieb abstirbt, wird er vollkommen herausgeschnitten, um das Gesamtbild nicht zu stören.

RECHTS: Die Triebe von Kletterrosen sind so biegsam, daß sie sich leicht an Spalieren ziehen lassen, wie hier an der Hauswand im Hof von Bourton House.

UNTEN: Rosen ranken über die Eingangstür eines Landhauses.

RECHTS: Rote und weiße Rosen ziehen sich über das Terrassengeländer auf Little Bowden.

UNTEN LINKS: Ein Baum als lebende Stütze für Kletterrosen, deren farbenprächtige Blüten allenthalben durch die Blätter blitzen.

UNTEN RECHTS: „Belle Story", eine von David Austins Rosen.

Rank- und Kletterrosen muß man an ein Gitter oder eine Mauer binden, abgestorbenes Holz ab und zu ausschneiden. Das Schöne an Kletterrosen sind die anmutig geschwungenen Bögen ihrer Zweige; wenn man abgestorbene Triebe völlig zurückschneidet, bleibt das hinreißende Gesamtbild am besten gewahrt.

Alle Rosen brauchen einen reichhaltigen organischen Boden mit guter Dränage. Von Frühjahr bis Anfang August muß monatlich gedüngt werden. Bewässern Sie die Rosen gut, am besten mit einem Tropfsystem, damit die Blätter nicht naß und schwarzfleckig werden. Genügend Platz für die Luftzirkulation um die Pflanzen bewahrt sie vor Pilzkrankheiten. In sehr kalten Gegenden benötigen die Rosen im Winter wahrscheinlich einen Wurzelschutz. Häufeln Sie deshalb bis zu 30 Zentimeter hoch Erde rings um die Sträucher. Hochstammrosen sollten Sie auf den Boden legen und mit Erde bedecken, während Sie Kletterrosen von ihrer Halterung herunternehmen, um eine hohe Stütze binden, sie in Stroh und Sackleinen einschlagen und die Wurzeln mit Erde bedecken.

Salat und geistige Frische

GANZ LINKS: Hübsch gewundene Pfade verleihen dem Garten weichere Konturen. Die Gitter ganz hinten sind Kulisse für den Gemüsegarten und geben den weitläufigen, offenen Flächen Struktur.

LINKS: Ein mit Thymian bestandener Weg schlängelt sich durch die Pflanzungen.

Die McDuffies kamen nach Montecito, weil sie ein Grundstück suchten, auf dem sie ihr geliebtes Morgan-Pferd halten konnten. Als sie diese Felder mit Blick auf die Berge sahen, wußten sie, daß sie am Ziel waren. „Mein Schwiegervater ebnete die Felder mit einem Traktor ein, und wir bauten eine Scheune", erzählt Mary McDuffie, „es gab noch kein Haus, aber ich mußte einfach etwas pflanzen, und so entstand der erste Garten rings um die Scheune."

Letztendlich bauten sie ein kleines Haus und legten einen kleinen Garten ringsherum an. Im Zuge einer größeren Renovierung vor sechs Jahren erweiterten die McDuffies sowohl das Haus wie auch den Garten. Bei der jetzigen Anlage half ihnen die bekannte Gartenarchitektin Isabelle Greene, die für ihre einfühlsamen ökologischen Pflanzungen bekannt ist. „Wir konzentrierten uns auf einheimische Gewächse. Schließlich fühlen sich Pflanzen in ihrer angestammten Umgebung am wohlsten", bemerkt Frau McDuffie. Wegen der Wasserknappheit in dieser Gegend wurde der Garten so entworfen, daß er Trockenheit verträgt und notfalls mit einem Minimum an Wasser auskommt. Wenn die Brunnen voll sind, kann man reichlicher gießen, und besonders Bäume werden zum Ausgleich für magere Zeiten üppig gewässert. Gras gibt es fast keines, da es zu viel Wasser braucht.

„Trotz der Wassernot muß der Garten nicht farblos sein", meint Frau McDuffie. „Ich freue mich jedesmal über die weißen und blauen Glockenblumen, die zwischen den gelbgrünen Blüten des Frauenmantels sprießen." Eine Fülle einjähriger Pflanzen macht das Ganze noch reizvoller und farbiger. Frau McDuffie hat eine Schwäche für Pastelltöne, wie sie von den fernen Bergen widerscheinen, und zieht deshalb sogar aprikosenfarbenen Fingerhut statt der viel verbreiteteren violettfarbigen Sorte.

Pflanzen, die wie Kamille nicht gedeihen wollen, werden schließlich durch andere ersetzt. „Ein Garten kann nichts Fertiges sein. Dann wäre er ohne Leben. Und das Experimentieren im Garten macht auch sehr viel Freude", sagt sie. Blumen und Gemüse werden mit Kräutern durchsetzt. „Meine Theorie ist, daß man tun kann, was man will, solange man mit dem Ergebnis zufrieden ist. Man braucht sich nicht an ein Regelwerk zu halten", fügt sie hinzu. Aber gute Bodenvorbereitung hält Frau McDuffie für besonders wichtig. Alle Beete wurden ursprünglich zweifach umgegraben, das heißt, man gräbt einen Spatenvoll Erde aus und lädt ihn am anderen Ende des Beetes wieder ab. Dann gräbt man Dung oder Kompost in den Boden und schaufelt darauf Erde vom nächsten

RECHTS: Wollige Schafgarbe um eine Sonnenuhr im Küchengarten, der in mehreren Hochbeeten angelegt wurde. Ein Schnurspalier für Apfelbäume – als Erinnerung an das Zuhause von Frau McDuffies französischen Vorfahren – säumt eine Gartenseite.

LINKS: Überall im Garten verstreute Mohnblumen und andere einjährige Pflanzen setzen malerische Tupfer.

UNTEN: Die gedämpften Farben der Berge in der Ferne spiegeln sich in diesem Garten wider und wirken durch das graue Blattwerk des genügsamen Wollziest noch weicher.

Abschnitt des Beetes und so weiter. Am Beetende angekommen, wird das letzte Stück mit der Erde vom Anfang gefüllt. Jedes Jahr gräbt sie selbstgemachten, mit Pferdemist angereicherten Kompost in die Beete.

Im Küchengarten wird das Gemüse zum Spaß in Mustern gepflanzt. Es gibt reichlich Salat jeglicher Art, da Herr McDuffie verrückt danach ist. Tagsüber ist es heiß, aber bei den kühlen Abendtemperaturen gedeihen die Salate gut. Aus Platzgründen, und weil eine Fruchtfolge schwierig ist, werden jeden Herbst Wicken als Bodendecker gesetzt und im Frühjahr als Nährstoffspender untergegraben.

„Der Garten nimmt sehr viel Zeit in Anspruch", gibt Frau McDuffie zu, „aber er ist unser Zufluchtsort. Er strahlt immer friedvolle Heiterkeit aus; der Streß verfliegt, und man fühlt sich geistig erfrischt."

LINKS: Frau McDuffie verwendet gern antike Gegenstände und alte Steine als Dekoration. Aus optischen Gründen stellt sie sie manchmal zusammen, wie diese alten Ölkrüge.

LINKS: Trockenheitsresistente Palmettopalmen, Lavendel, Rosmarin, Schafgarbe, Thymian, Heiligenkraut und Kakteen verleihen dem Abhang mit seinem „Steinfluß“ eine zarte Färbung und interessante Struktur.

RECHTS: Die farbenprächtige Bougainvillea ist ein schöner Kontrast zu den vielen unterpflanzten silbergrauen Beifußgewächsen.

William Slater hat ein schönes Haus, ein schönes Grundstück, aber er hat kaum Wasser. Doch trotz der notorischen Wasserknappheit in Kalifornien wollte Herr Slater einen möglichst attraktiven Garten. Es wurde schließlich ein üppig buntes Kunstwerk, in dem vor allem Schafgarbe, Heiligenkraut und Lavendel wachsen – und nicht zuletzt ein Vorbild ökologischer Gestaltung.

Steine statt Wasser

LINKS: Der gewundene Pfad zum Eingangshof ist unregelmäßig mit Steinen gepflastert und mit Lavendel, Schafgarbe, Palmettopalmen und Wollziest gesäumt. Akanthus und spitze Gräser setzen weitere Akzente.

RECHTS: Ein dekorativer, antiker Krug macht sich gut auf der Terrasse.

Den Steinpfad zum Haus säumen dichtbepflanzte Rabatten, deren Farbkombination – Grün, intensives Schafgarbengelb und tiefes Lavendelviolett – man auf dem Anwesen an allen Ecken und Enden wiederfindet. Zwischen den meist runden Pflanzenpolstern ragt hier und da als Blickfang hoher Akanthus auf.

Die Böschung auf der einen Seite des Anwesens hat Herr Slater mit einem „Fluß" aus Steinen belegt – als Ersatz für das fehlende Wasser. Zu beiden Seiten des „Flusses" gedeihen trockenheitsverträgliche, anspruchslose Schafgarbe, Lavendel und Heiligenkraut. Überhaupt beherrschen Steine das Gartenbild, zusammen mit kalifornischen und im Mittelmeerraum heimischen Pflanzen; auf immerdurstige Rasenflächen hat William Slater lieber verzichtet.

Der innovative Garten ist so geschickt angelegt, daß er in keinem Winkel einen Widerspruch zu dem traditionellen Haus darstellt.

RECHTS: Hinter dem Haus wachsen genügsame Pflanzen wie Rosmarin, Disteln, Lavendel und Olivenbäume zwischen den Steinen.

LINKS: Mit Rindenmulch statt Gras wirkt die Landschaft insgesamt abgerundeter – und man spart Wasser.

Xeriscaping, aus ökologischen Überlegungen heraus entstanden, ist eine verhältnismäßig neue Form der Gartengestaltung, insbesondere für wasserarme Gegenden. Die Grundvoraussetzung ist naturnahe Gartenarbeit: Man verwendet jeweils einheimische Pflanzen, die, der Not gehorchend, mit wenig Wasser auskommen, und verzichtet weitgehend oder ganz auf Pestizide.

Besonders die silbrigblättrigen Kräuter spielen bei dieser Form der Gartengestaltung eine wichtige Rolle, da man die farblichen Akzente statt mit Blumen durch ein Nebeneinander von verschiedenfarbigem

XERISCAPING

OBEN LINKS: Heiligenkraut und Rosmarin gehören zu den Kräutern, die sich für wasserarme Gärten eignen.

OBEN: Das Lavendelfeld bei Bernard Perris' provenzalischem Bauernhaus gedeiht während der heißen Sommer und stellt eine bunte Abwechslung zu feuchtigkeitsliebenden Rasenflächen dar. Auf gut durchlüftetem Boden und bei genügend Sonne fühlt sich Lavendel wohl, aber an sehr feuchten Stellen oder in Regengebieten kümmert er.

LINKS: In Carole Rosenbergs Zuhause auf Long Island entstand ein üppiger natürlicher Garten mit Schafgarbe, Lavendel und verschiedenartigen Gräsern, die wenig Wasser brauchen.

LINKS: Die vielen Salbeisorten gedeihen in von Natur aus wasserarmen Gärten prächtig und bestechen durch ihre abwechslungsreichen Blüten und Blätter.

RECHTS: Bei der Planung seines Obstgartens in der Normandie berücksichtigte Mark Brown die Regeln für das Xeriscaping. Graspfade bändigen eine Wiese aus anspruchslosen Wildblumen und Gräsern.

RECHTS UNTEN: Der Pfad vom Gasthaus ans Wasser hinunter ist beim Sooke Harbour House auf Vancouver Island von unzähligen Wildrosen und von Fenchel gesäumt, der ständig selbst aussamt

Blattwerk erzielt. Bei den meisten silbrigen Pflanzen, die im heißen, trockenen Mittelmeerklima heimisch sind, rührt die Farbe von winzigen Härchen auf den Blättern her, die das Sonnenlicht zerstreuen und reflektieren und so die Verdunstungsmenge reduzieren. Je mehr Sonne und Hitze sie abbekommen, desto besser gedeihen sie (und desto behaarter werden sie), und ihre Farben werden immer blasser. Im Mittelmeerraum heimischer Thymian, Rosmarin, Lavendel, Winterbohnenkraut, Currypflanze und Wollziest bevorzugen trockenen Boden und vertragen große Hitze. Purpursonnenhut, Wasserdost und Goldrute, genügsame wilde Feldkräuter, stellen eine Alternative zu den anspruchsvolleren Mehrjährigen dar.

Neben der Auswahl der für das Klima geeigneten Pflanzen ist beim Xeriscaping auch der Gartenentwurf wichtig. Feuchtigkeitsliebende Rasenflächen ersetzt man durch die weniger durstigen Thymian oder Sedum; „Flüsse“ aus Kies oder Steinen durchziehen als glitzernder Blickfang den Garten, in dem man hauptsächlich heimische Blumen pflanzt. Hier ist kein Ort für spektakuläre Springbrunnen.

Mit Xeriscaping spart man Wasser, das an anderen Stellen nötiger gebraucht wird. Tropfsysteme reduzieren die Verdunstung und erleichtern die Bewässerung verschiedener Gartenabschnitte; dafür bleibt dann vielleicht ein bißchen mehr Wasser für eine besondere Pflanze übrig. Großzügiges Mulchen verhindert eine schnelle Verdunstung, da sich die – natürlicherweise oder aufgrund eines Bewässerungssystems vorhandene – Feuchtigkeit länger im Boden hält. Manchen Pflanzen genügt auf natürliche Weise entstandener Mulch: Waldmeister beispielsweise nimmt die Feuchtigkeit der herabgefallenen Blätter des Baumes auf, unter dem er wächst.

Metamorphose in Blau

GANZ LINKS: Hier wachsen Wollziest, Fingerhut, weiße Lichtnelken und Rosen.

LINKS: Ein weißes Eisentor führt vom hinteren Garten zu der schmalen, silbrig-weißen Rabatte vor dem Haus.

Den Garten von East Kennett Manor, einem Haus in Wiltshire, kannte Rosalind Cameron schon aus ihrer Kindheit: Während des Krieges hatte man das Londoner Mädchen dorthin aufs Land geschickt. Vor ungefähr zwanzig Jahren kehrte sie mit ihrem Mann für immer in dieses Haus zurück; den Garten hat sie seitdem deutlich vereinfacht. „Die meisten Sträucher und Hecken hatte noch meine Mutter gepflanzt", erzählt sie, „aber ich habe den Garten Zug um Zug im Lauf der Jahre langsam verändert." Sie wollte ihn nicht mehr so arbeitsaufwendig haben und nahm deshalb ganz allein eine Neuanlage in Angriff. Dazu mußte ein Teil des alten Bestandes durch Rasen und Bäume ersetzt werden; eine dichte Bepflanzung erspart das häufige Unkrautjäten. Auf der ebenen Fläche pflanzte Frau Cameron auch Eibenhecken, damit der Garten mehr Struktur erhielt.

LINKS: Trotz der wenigen Blumen in diesem Garten erfreuen die unterschiedlichen Farben und Strukturen von Katzenminze, Lavendel, Rosen, goldenem und gemeinem Majoran das Auge.

RECHTS: Rosen ranken über die Ziegelmauer, die den Küchengarten umgibt, und bilden so eine duftende Kulisse für Fenchel, Lavendel, Thymian und andere Kräuter und Blumen.

Obwohl sie ursprünglich keine Kräuter haben wollte, stehen jetzt silbrige Beifußgewächse zwischen weißen Rosen in einer hüschen Rabatte vor dem Haus. Thymian kriecht vorwitzig über die verwitterten Terrassensteine, und im ummauerten Garten wachsen Küchenkräuter.

Frau Cameron wollte auch diesen umfriedeten Küchengarten neu gestalten. „Er war riesengroß, und so viel Gemüse brauchten wir gar nicht", sagt sie, „deshalb untergliederte ich die Fläche in vier Teile und setzte unter anderem auch ein paar Küchenkräuter." Der Buchsbaum, der die vier Pflanzbereiche säumt und abgrenzt, stammte aus ihrem früheren Haus in Gloucestershire. „Obwohl die Hecke schon ziemlich groß war, wuchs sie hier an."

Mit dem Auge einer Malerin arrangiert Frau Cameron die Farben im Garten. „Ich habe früher gemalt, daher habe ich diesen Blick. Und wenn ich die Farben richtig kombiniere, denke ich an die Landschaftskünstlerin Gertrude Jekyll", sagt sie. Eine farbliche Entdeckung war der Rittersporn, der in ihrem Garten infolge des kalkhaltigen Bodens in einem unglaublichen Blau erstrahlt.

Die Umgestaltung ist noch nicht abgeschlossen. Frau Cameron plant einen neuen Garten und legt diesmal mehr Wert auf die Pflanzenauswahl: „Ich stelle fest, daß mich jetzt mehr die Pflanzen an sich interessieren – seltenere Arten oder schönere Formen bekannter Exemplare. Die Veränderung braucht natürlich ihre Zeit."

UNTEN: Auf diesem alten „Stein-Pilz", der jetzt den Garten ziert, lagerte man früher gemähtes Heu, damit es nicht am Boden faulte.

Silberner Zauber

OBEN: Susan Ryley in Vancouver hellt mit silberblättrigen Königskerzen, Wollziest und Beifuß eine schattige Rabatte auf.

LINKS: Wollziest kontrastiert hübsch mit Katzenminze.

LINKS UNTEN: Und er dämpft die lebhaften Farben in dieser von Foxglove Designs gestalteten Rabatte in Kalifornien.

UNTEN: In Nancy Walz' Kräutergarten in Maryland lenkt er den Blick auf die klassische Sonnenuhr.

Die wunderschönen silbergrauen Blätter von Wollziest, Heiligenkraut, Lavendel, Salbei und Beifußgewächsen gehören zu den wertvollsten Gestaltungsmitteln eines Gärtners. Diese scharfschmeckenden Pflanzen mit einem Farbspektrum von Weißlich bis hin zu stählernem Blaugrau haben auch hübsche Blüten. Doch Gärtner schätzen besonders ihr mannigfaltiges Blattwerk, angefangen bei den breiten, pelzigen Blättern des Wollziests bis hin zu den feinen Spitzen des Lavendels. Diese Pflanzen bringen eine willkommene Abwechslung in die Grüntöne, wenn es ansonsten nur wenig Blumen gibt.

RECHTS: In dem pflegeleichten formalen Beet bildet das silbrige Heiligenkraut einen optischen Kontrapunkt zu der dunkelgrünen Eibe.

MITTE RECHTS: Genauso hübsch wirken Rosmarin und Heiligenkraut beim gemeinsamen „Sprung“ über eine Mauer.

UNTEN RECHTS: Mit seinem sanften, silbrigen Schimmer belebt Wollziest den silber-weißen Garten in Hascombe Court in Surrey.

UNTEN: Nancy Goslee Powers verwendet trockenheitsresistente, silberblättrige Pflanzen für ihren mediterranen Garten in Kalifornien.

Vor allem aber bringen sie durch ihre neutrale Silberfarbe Harmonie und optische Einheitlichkeit in den Garten: allzu kontrastreiche Farben wirken ruhiger, der gestalterische Übergang von einer Farbpalette zur anderen wird fließender. Gleichzeitig kommt durch diese Pflanzen eine besonders leuchtende Blume ungleich besser zur Geltung. Auch in einem ganz weißen Garten dürfen sie nicht fehlen.

Da sie Licht reflektieren, verleihen silbrige Pflanzen dem Garten auch an trüben Tagen eine gewisse Leuchtkraft und hellen dunkle Ecken auf. Selbst im mattesten Mondlicht schimmert ein mit Wollziest gesäumter Pfad noch hell auf. Ohne dessen Blätter ist ein „Mondgarten“ schlecht vorstellbar, jene Kombination aus weißen Kieselpfaden, leuchtendweißen Blumen und silbrigen Pflanzen, die im weichen Mondlicht eine zauberhafte Strahlkraft verbreiten.

Da viele dieser Pflanzen im Mittelmeerraum beheimatet sind und sich ausgezeichnet an heißes, trockenes Klima anpassen, setzen Sie sie am besten an ein sonniges, gut dräniertes Fleckchen Erde und mulchen sie, wenn die Temperatur unter den Gefrierpunkt absinkt.

Fünfzehn Jahre lang befand sich vor Carol und Jack Kellys Haus nur eine Pferdeweide. Rundherum breitete sich ein Stück Landschaft undefinierbaren Charakters aus. „Ich wollte einen Garten haben, wußte aber nicht, wo ich anfangen sollte", erzählt Carol. „Da ich gar nichts über Gartenarbeit wußte, machte ich anfangs eine Menge Fehler. Dann fuhren wir nach Mount Vernon, und ich sah, daß man ein großes Areal in den Griff bekommt, wenn man es in kleine Räume aufteilt." Dank dieser Erkenntnis nahmen Carols dekorative Entwürfe feste Gestalt an.

Da das Feld ein ehemaliges Flußbett war, mußten die Kellys mühsam die Gesteinsreste wegräumen. Der wichtigste Schritt aber war, den Boden doppelt umzugraben und ihn vor dem Bepflanzen anzureichern. Wenn die mehrjährigen Pflanzen erst einmal an ihrem Platz gestanden hätten, wäre der Boden nur noch schwer zu verbessern gewesen.

LINKS: Jack Kelly baute das Gewächshaus verhältnismäßig preisgünstig aus ausgedienten Fenstern und Filigranresten viktorianischer Häuser. Holz erfordert zwar mehr Pflege als Metall, doch Carol legte Wert auf das Äußere des Gewächshauses; schließlich steht es im Vorgarten.

RECHTS: Eine von Heiligenkraut umgebene Sonnenuhr mit Armillarsphäre ist der Blickfang in diesem Gartenzimmer.

Grüne Zimmer kurios möbliert

RECHTS: Blaßrosa Heritage-Rosen, umgeben von niedrigen Buchsbaumhecken, in einem anderen „Zimmer" „Cécile Brunner"- und dunkelrote „Grootendorst Supreme"-Rosen, Fingerhut, Lavendel, Schafgarbe, Lupinen und andere Pflanzen wachsen um das geometrische Beet in der Mitte.

UNTEN: Spalierrosen und Vogelhäuschen schmücken und verdecken gleichzeitig einen ungünstig plazierten Telefonmast. Carol nennt ihn ihr „Mietshaus" für Spatzen, Stare und andere Vögel.

Die Erde ist relativ lehmig, so daß Carol jeden Herbst alle Beete mit einer fünf Zentimeter dicken Schicht selbstgemachtem Kompost mulcht, damit sie krümelig bleibt. „Ich habe bei Neupflanzungen auch immer einen Eimer mit Kompost, Sand, Hühnermist und Knochenmehl dabei", erklärt sie ihren Besuchern.

Carols erster Garten bestand aus mehreren „Zimmern". Nach der Grundeinteilung der Beete pflanzte sie Buchsbaumhecken als Linienmarkierung. Da das mit Efeu bedeckte Brunnenhaus bereits stand, stellten die Kellys eine weinumrankte Laube als Gegengewicht dazu auf. Nachdem die Beete mit verschiedenartigen Kräutern und Mehrjährigen bepflanzt waren, wandte sich Carol der bis dahin unbearbeiteten Fläche jenseits der Einfahrt zu.

„Auf dieser Seite war ich mutiger, aber auch sicherer", gibt sie zu. „Hier gibt es mehr gebogene Linien, und ich experimentiere immer noch mit der Bepflanzung. Ich möchte mehr Sträucher wegen ihrer bunten Blätter miteinbeziehen, damit der Garten höher wird und das ganze Jahr über einen interessanten Anblick bietet."

Überall sorgen Vögel aus Stein, Vogelhäuser, Krüge und anderer Zierat für eine stimmungsvolle, persönliche Note. „Ich überrasche die Leute gern mit etwas Ausgefallenem", sagt Carol. „Man sollte zwar für seine Pflanzen einen Plan haben, nicht aber für die Dekorationen. Wenn einem etwas gefällt, dann paßt es auch. Doch man darf nicht übertreiben: besonders in einem kleinen Garten muß man sehr wählerisch sein. Schließlich ist er ja für die Pflanzen da."

OBEN: Echte und Ziervögel gibt es viele im Garten der Kellys. Eine „Amsel" hockt auf einem steinernen Sockel, eine „Taube" ruht sich auf einer Terrakottasäule aus.

LINKS: Rosen, Rittersporn, Wollziest, mehrjährige Geranien, Fingerhut und Frauenmantel stehen am Zaun, der das „Zimmer" vom restlichen Garten trennt. Über die Gartenlaube wachsen Weinreben, Rosen ranken sich an einem Türmchen empor.

Struktur-elemente

OBEN: In Kerdaloo in Frankreich schmückte Fürst Wolkonsky das Innere seiner Gartenunterstände mit phantasievollen Muschelmosaiken.

LINKS: Mit einem Gitterzaun unterteilt Elaine Burden ihren Garten in Virginia in einzelne Bereiche, in die man durch einen rosenumrankten Bogen gelangt.

LINKS: Über die Laube, die zu Wendy Lauderdales Eingangstür in Wiltshire, England, führt, ranken sich rosafarbene „Comte de Chambord"-Rosen und weiße Rosa Cerasocarpa, *die mit Katzenminze unterpflanzt sind.*

RECHTS: Auf einer Pferdefarm auf Long Island kann man im Schatten dieses entzückenden, rundherum mit eingebauten Sitzflächen versehenen Pavillons ausspannen.

Ein kleines Nebengebäude, ein Gewächshaus, eine traditionelle Laube oder eine Rosenpyramide – all das sind Strukturelemente, die den Plan und den Charakter eines Gartens prägen. Auch als Kletterhilfen für Pflanzen sind sie vielfach geeignet. Wie andere Elemente sollten sie sich harmonisch in den Stil des Gartens einfügen.

Das einfachste Strukturelement ist der Rosenpfeiler oder die Rosenpyramide, das für sich allein oder in einer Rabatte Rosen und andere Kletterpflanzen stützt. Etwas formaler wirkt ein schirmförmiges Metallgestell. In jedem Fall gewinnt der Garten an Höhe und Form, und die Pflanzen kommen so am vorteilhaftesten zur Geltung. Den gleichen Zweck wie die traditionellen Modelle aus Metall oder kunstvoll gearbeitetem Lattengitter erfüllen einfache, zusammengenagelte oder -gebundene Bambusstäbe oder Zweige.

LINKS: In einem freigestalteten Teil seines Gartens in Oregon baute Wallace Huntington aus drei Holzpfosten eine einfache Kletterrosenstütze.

UNTEN: Sein Pavillon ist aus sorgfältig gearbeitetem Gitterwerk.

GANZ UNTEN: Auf der Bank in ihrem bezaubernden Unterstand sitzt Frau Kingham von Brooke Lodge Farm Cottage in Surrey sogar an kühlen oder regnerischen Tagen.

UNTEN: Schlichte Rosenpyramiden aus Holz verleihen Jane Rivkins Garten Struktur. Die überdachte Gartenbank ist der Blickfang des Weges.

UNTEN: Die Rosenpyramiden aus Gitterwerk in Pound Hill House in England haben eine ungewöhnliche X-Form.

OBEN: Ein mit Rosen bewachsener Gitterzaun umgibt diesen Rosengarten in Estacada, Oregon. In angebauten Lauben präsentiert sich eine Sammlung von Gartenstatuen.

UNTEN: Ein formaler Buchsbaumgarten wird durch ein kleines Nebengebäude auf Elaine Burdens Bauernhaus in Virginia aufgewertet.

Lauben gehören zu den beliebtesten Garteneinrichtungen. Sie führen vielleicht an einen geheimen Ort, leiten sehr hübsch von einem Gartenteil zu einem anderen über oder bilden alleinstehend die Kulisse für eine besonders schöne Rose. Bogenförmige oder rechtwinklige Lauben sind traditionsgemäß mit Kletterrosen, Clematis oder anderen blühenden Reben bewachsen. In Holz und Metall waren sie schon immer erhältlich, jetzt gibt es sie auch als praktische Alternative aus schwerem weißem Plastik, das niemals verrottet und nicht gestrichen werden muß.

Die mit den Lauben eng verwandten Pergolen sind im allgemeinen als Übergang gedacht, doch sie stehen auch für sich, so zum Beispiel an einem Teich oder als Einrahmung eines Rosengartens. Mit duftenden Rosen oder anderen Kletterpflanzen wie Glyzinen bedeckt, spenden sie willkommenen Schatten auf einem Gartenweg oder bieten ein kühles Plätzchen für eine Bank. Bisweilen haben sie schön gebogene, meistens jedoch geradlinige Formen. Am beliebtesten sind Pergolen aus naturbelassenem oder farbig gestrichenem Holz; in formalen Gärten sind sie eher aus Metall und haben Säulen aus Stein oder Zement. Pavillons sehen sehr romantisch aus. Klein, offen und schattig, laden sie an einem heißen Nachmittag zum Verweilen ein, wenn ein kühlender Luftzug durch sie hindurchfährt. Sie sind der geeignete Ort für den Nachmittagstee, ein Essen bei Kerzenschein an lauen Abenden oder ein heimliches Rendezvous. Ob kunstvoll viktorianisch oder rustikal – Pavillons sollten im Stil immer zu Ihrem Haus und Garten passen. Wählen Sie den Standort für eine so große Konstruktion sorgfältig aus, damit dieser Teil des Gartens nicht überladen wirkt. Der Pavillon sollte winddurchlässig sein und eine schöne Aussicht bieten.

Jedes kleine Gebäude, ob Werkzeugschuppen oder Gewächshaus, gibt einem Garten mit wenig Bäumen und Sträuchern Fülle und bildet einen gestalterischen Mittelpunkt, der zum Beispiel auch unschöne Aspekte kaschiert. Am Ende eines Gartens lenkt ein Gebäude den Blick an der Gartengrenze entlang, und, zwischen den Bäumen versteckt, sieht es aus wie ein privates Refugium.

OBEN: In Charlotte Moss' Garten auf Long Island bildet das Badehäuschen einen Rahmen für den Pool und den umliegenden Rosengarten.

LINKS: Auf den offenen Feldern von Virginia grenzte Abe Pollin seinen Kräutergarten mit einer Einfriedung und einer offenen Pergola ab, in die ein Pavillon als Durchgang integriert ist.

RECHTS: Die Gitterausfachung in dem Pavillon auf Jenkyn Place in Hampshire, England, ist gleichzeitig die Rücklehne für die eingebaute Bank.

UNTEN: Der elegante Holzbau mit ineinander verschlungenen Bäumen ergibt eine kühle grüne Arkade, die einen Garten im Het-Loo-Palast in Holland abgrenzt.

OBEN: Freistehende Terrakottapfeiler und Pergolen umrahmen die Aussicht auf die marokkanischen Berge in La Rosarie bei Marrakesch.

LINKS: Wenn die Rosen diese offene Metallkonstruktion auf der Kräuterfarm in Seattle vollständig bedecken, wird daraus eine schattige Laube für ein ruhiges Gespräch oder eine Tasse Tee.

Lani Freymiller plante ihren Garten in Kalifornien nicht symmetrisch, weil sie der Ansicht ist, daß es in der Natur keine Symmetrie gibt. Die sehr individuelle Anlage – eigentlich eine Reihe verschiedener Gärten – hat Lani selbst entworfen. Die Gesamtplanung ist zwar asymmetrisch, aber in den einzelnen mit farbintensiven Kräutern und Blumen bepflanzten Bereichen herrscht durchaus eine gewisse Ordnung. Der hinter dem Haus am Rand eines Eukalyptuswaldes liegende Garten verwandelte ein früher ungenutztes Stück Land in einen lauschigen Hort der Ruhe.

Zwei Gartenbereiche sind mit weißem Lattenzaun umfriedet, während der dritte in farblich passenden weißen Hochbeeten angelegt ist. Im abgelegensten rechteckigen Teil steht ein „Schränkchen aus der Garage“, erzählt Lani, „es schien genau dort hinzupassen.“ Das Tor zu diesem Winkel liegt neben dem Gatter zum angrenzenden quadratischen Garten mit seinen grasbewachsenen Pfaden zwischen den bunten Beeten.

LINKS: Der geheime Garten bildet den Übergang zwischen dem Haus und den eingefriedeten Räumen. Er lodert wie Feuer in den leuchtenden Farben, die Lani so gern hat.

RECHTS: Im Regal stehen schöne Krüge mit Blumen, im Schrank darunter werden häufig benutzte Gartengeräte aufbewahrt. Auf einem Baumstumpf thront ein Korb mit Zitronenmelisse.

Ein verborgener Garten

Ringsum sind schmale Blumenkästen mit leuchtenden Blüten aufgestellt, die sich vor dem weißen Zaun sehr schön abheben.

Mit dem dritten Bereich wollte Lani „Gärten und Haus vereinen". Dort wachsen in drei Hochbeeten derzeit üppige Kapuzinerkresse, Fingerhut und andere ihrer Lieblingspflanzen, und ein stiller Sitzplatz lädt zur Ruhe ein. „Mit dem Wald dahinter wirkt er wie ein Geheimgarten", sagt Lani.

Lani war häufig auf Reisen und konnte daher ihr Hobby, die Gartenarbeit, nicht pflegen. Dennoch hat sie ihre Vorstellungen immer weiter entwickelt: „Der Blick ändert sich, und auch das Farbempfinden. Es gab eine Zeit, da hätte ich nichts außer Kakteen und Sukkulenten gepflanzt, ein andermal wiederum nur Stiefmütterchen." Im Augenblick ist sie so sehr in Kräuter vernarrt, daß sogar um das Büro ihres Mannes Lavendel, Rosen und süßer Waldmeister stehen.

Da Eukalyptusbäume den Boden vergiften, bereitete Lani ihn mit besonderer Sorgfalt vor und entschied sich im Garten meist für Hochbeete. „Wenn der Boden gut ist, gibt es auch gute Ergebnisse. Doch man muß Geduld haben", erklärt sie, „aber der Garten belohnt einen dafür. Durch ihn habe ich immer wieder Menschen kennengelernt und bin auf viele interessante Dinge gestoßen. Und nichts ist schöner, als Freunden Kräuter und Blumen aus dem eigenen Garten mitzubringen."

OBEN: Zwar vergiften die Eukalyptusbäume rings um das Anwesen den Boden, aber sie liefern Brennholz für den Winter und spenden Schatten für Körbe mit gerade gepflückten Kräutern oder ein Essen im Freien.

LINKS: Im Haus hat Lani eine Sammlung kleiner Vogelhäuschen zusammen mit alten Vogelnestern und leuchtenden Sträußen aus Blumen und Kräutern.

RECHTS: Graue Blätter gefallen Lani nicht. Sie bevorzugt das helle Grün von Pfefferminze und bunte Landblumen wie Mädchenaugen, Kosmeen und Rittersporn.

Gärtnerin aus Leidenschaft

Barbara Stockitt liebt Gartenarbeit über alles. „In unserer Familie haben alle diese Leidenschaft", sagt sie. „Meine Mutter und meine Großmutter waren beide hervorragende Gärtnerinnen, und als Kind habe ich sehr viel von ihnen gelernt." Barbaras Bruder David Austin ist mittlerweile Englands führender Rosenzüchter. Sie selbst leitet eine Gärtnerei und ein Pflanzencenter in der Nähe von Pound Hill House, dem hübschen alten Steinhaus in Wiltshire, wo sie seit fast dreißig Jahren lebt.

„Im Grunde genommen führte ich zwei Leben. Als mein erster Mann starb, wollte ich das Haus nicht aufgeben, also fing ich mit der Gärtnerei an." Jetzt ist Barbara wieder verheiratet und teilt sich die Arbeit mit ihrem Mann.

Mit dem jetzigen Garten wurde vor zehn Jahren begonnen. „Ein

LINKS: Verschiedenartige Pflanzen wie goldener Majoran, Wucherblume und Gartennelken wachsen auf der alten Steinterrasse; am Haus steht ein winterharter Rosmarin.

RECHTS: Eine Steinmauer schützt die von Thymian und Gamander umgebene Teakholzbank. Fedriger, grauer Beifuß sprießt aus einem dekorativen Zementkübel.

Garten ist eine Erfahrung. Ich habe aus meinen vielen Fehlern gelernt und mußte noch einmal von vorn anfangen", gesteht sie. Von ihrem Schlafzimmer aus hat sie einen guten Überblick. Mit vielen sanften Grau- und Blautönen vermeidet sie grelle Farbmuster und sorgt für zarte Arrangements. Viel Wert legt sie auf eine deutliche Strukturierung, durch die der Garten auch im Winter interessant bleibt. „Im Winter braucht man einfach einen schönen Garten", sagt Barbara „gestutzter Buchsbaum macht sich als Gestaltungselement immer gut."

Kräuter spielen bei ihr eine wichtige Rolle. „Ich versuche, sie sinnvoll einzusetzen", erläutert sie, „und das Kochen wird dadurch viel interessanter, besonders durch all die wunderbaren Thymiansorten." Viele Kräuter und auch winzige Nelken bahnen sich ihren Weg durch die Ritzen zwischen den Terrassensteinen oder in der kleinen gepflasterten Kräuterecke in dem mit Hecken umgebenen Garten. Beifußgewächse, Lavendel und Disteln vereinen sich zu zartgrauen Polstern in den Rabatten, und Rosen ranken sich über Lauben und akzentuieren die prä-

LINKS: Eine dichtbepflanzte, farblich zurückhaltende Rabatte, in der graues Blattwerk und Wolken aus weißem Meerkohl und Pampasgras die lebhaften Töne von Rittersporn und Frauenmantel ausgleichen.

UNTEN: In dem schlichten Buchsbaumparterre kommen David Austins Rosen besonders gut zur Geltung.

OBEN: Die Beete des Küchengartens sind von niedrigen Buchsbaumhecken umrandet, dazwischen ein Buchsbaumkegel an jeder Ecke. Pflanzenhüte aus Terrakotta sind für Frühgemüse oder lichtempfindliche Nutzpflanzen wie Endivien oder weißen Spargel gedacht.

zisen mit Buchs eingefaßten Beete des Parterres. Anstelle des gewöhnlichen Efeus klettert goldener Hopfen die Hauswand hoch.

Bei der Gartenplanung waren Mauern aus Pflanzen oder Stein ein vorrangiges Gestaltungselement. „Mit Mauern sieht der Garten größer aus, und es ist jedesmal aufregend, wenn man um eine Ecke biegt. Vor eine Mauer gehört meiner Meinung nach auch eine schöne Rabatte." Die Rabatten in Pound Hill House sind dicht bepflanzt. „Wir reichern sie immer wieder mit Kompost und zwölf Monate altem Hühnermist an." Eine dicke Mulchschicht hemmt das Unkraut und führt dem Boden gleichzeitig weitere Nährstoffe zu. „Wenn man Pflanzen so dicht nebeneinander setzt", bemerkt Barbara, „muß man sie auch versorgen."

LINKS: Eine rosenumrankte Laube lockt Besucher zu dem neu angelegten Wassergarten.

RECHTS: In einer Ecke beim Haus zeigen alte Steine im Rasen einen kleinen Kräutergarten an. Wacholderbüsche sowie exakt gestutzter Buchsbaum und Eiben verleihen dem Ganzen zusätzlich Struktur und Form.

Mauern,
Zäune und Tore

Mauern sind ein unschätzbares Element bei der Gartengestaltung. Sie unterteilen einen großen, möglicherweise nichtssagenden Raum in intimere Flächen, frieden den ganzen Garten ein und bieten Lärm- und Sichtschutz. Sie dienen der Terrassierung von steilen Böschungen, schirmen unansehnliche Flecken ab oder lenken lediglich die Aufmerksamkeit auf einen Durchgang. Haltbare Mauern baut man aus Ziegel oder Natursteinen, Beton oder verputztem Mauerwerk. Man braucht sie zwar nicht zu bepflanzen, aber mit Kletterrosen, Efeu, Hopfen oder Spalierobstbäumen sehen sie hübscher und weniger streng aus.

OBEN LINKS: Silbrige Beifußgewächse schaffen einen hübschen Gegensatz zu Sue Litts schwarzem, schmiedeeisernem Zaun im viktorianischen Stil.

OBEN: Das anmutige Holztor in Ryan Gaineys Garten in Atlanta wirkt etwas formal und bildet eine Ergänzung zu den Ziegelsäulen mit den Skulpturen. Hier wirkt vor allem der Kontrast zwischen Tor und Mauer.

LINKS: Auf Jenkyn Place in Hampshire, England, wächst eine Rosenhecke auf der steinernen Stützmauer.

OBEN: Diese abgestufte und verputzte Mauer bietet auf verschiedenen Ebenen Platz für Pflanzen. Über die unterste Stufe wuchert kriechender Rosmarin.

RECHTS: Pflanzenhüte für Rhabarber und Terrakottatöpfe sind an der alten Hofmauer von Bourton House in Gloucestershire, England, aufgestapelt.

UNTEN: Auf Lower Severalls in Somerset, England, geben zwei mächtige Steinsäulen einem schlichten Eisentor Halt.

OBEN: Brennholzstapel verdecken einen einfachen Stacheldrahtzaun.

UNTEN: Umfriedete Gärten benötigen einen Eingang. Hier wurde eine schmiedeeiserne Tür in eine rosenüberwucherte Ziegelmauer gesetzt.

OBEN: Die hübsche alte Mauer, die früher den viktorianischen Küchengarten von Round House in Surrey umgab, ist eine interessante Kombination von Ziegel und Naturstein.

UNTEN: Ein weißer, mit Rosen überwachsener Lattenzaun ist die klassische Einfassung eines Landhausgartens.

OBEN: Auf der Folly Farm in Berkshire, England, gelangt man durch ein dekoratives Holztor in einer Ziegelmauer in den Garten.

LINKS: Die steinerne Stützmauer in Marge Hallers Garten in Ohio trennt eine Kräuterpflanzung ab.

OBEN: Durch den Durchbruch in einer Ziegelmauer in Polesden-Lacey haben Spaziergänger von außen einen verlockenden Blick auf die Gärten.

Stützmauern für Terrassen auf abschüssigem Gelände bestehen oft aus einfachen Eisenbahnschwellen. Genauso gut eignen sich Natursteine – vermörtelt oder nicht –, häufig sind sie sogar dekorativer und bilden gleichzeitig eine Art Steingarten.

Zäune sind praktisch und schön, und sie erfüllen weitgehend denselben Zweck wie Mauern und Hecken. Schon immer grenzten sie verschiedene Anwesen voneinander ab, hielten Unbefugte fern und Kinder und Tiere beim Haus. Aber sie verleihen einem Garten auch Struktur, schaffen eine private Sphäre und schützen zarte Pflanzen vor kühlen Winden. Rustikale Holzbretter oder ausgefallen gedrechselte Latten, Bambusstäbe oder schön geschmiedetes Metall gehören zu den beliebtesten Materialien für Zäune.

OBEN: Der ordentliche Holzgitterzaun, mit dem die Slaymakers ihren Garten in Nashville umgrenzten, wirkt formaler als der herkömmliche Lattenzaun. Das im Stil passende Tor ist funktional, ohne störend zu wirken.

RECHTS: In Ohio hat Pat Beckman mit einem rustikalen Holzzaun die Feldfrüchte vom übrigen Garten getrennt. Breite Latten verstärken das Tor.

GANZ OBEN: Jean Mus schuf mit steinernen Stützmauern einen Terrassengarten an einer steilen Böschung in der Provence.

OBEN: Üppiger Thymian wächst auf dem Hang oberhalb dieser Stützmauer in Marge Hallers Garten.

OBEN: *Eine hohe, mit Kräutern unterpflanzte Hecke trennt wie eine Mauer einen Gartenteil in Jenkyn Place in Hampshire, England, ab.*

Solide Mauern und Zäune bieten Lärm- und Sichtschutz. Sie halten nicht nur starke Winde ab, sondern auch leichte Brisen an warmen Sommertagen – und sind daher für eine Sitzgruppe vielleicht ungeeignet. Durchbrochenes Mauerwerk, Latten, Gitterwerk oder eine Hecke dürften in diesem Fall wohl die bessere Lösung sein.

Mauern und Zäune sind in vielen verschiedenen Materialien und Stilrichtungen erhältlich. Sie sollten zum Haus und zum Garten passen. Im allgemeinen sind Holz und Stein rustikaler als Metall und Ziegel, wobei die Verarbeitung ebenfalls eine entscheidende Rolle spielt.

OBEN: Mit Buchsbaumhecken markiert Dulcey Mahar die Wege in ihrem Garten in Portland, Oregon.

LINKS: Rosmarin an einem verwitterten Lattenzaun im Napa Valley in Kalifornien.

LINKS UNTEN : Auf dieser Pferdefarm auf Long Island lassen Rosen und Katzenminze den Koppelzaun um die Weide freundlicher wirken.

UNTEN: Ein lustiger geschnitzter Vogel schmückt das Holztor zu Ruth Warners Garten in Nashville.

LINKS: Kräuter wie Salbei, Majoran, Rosmarin und Thymian in der Trockenmauer der Sandy-Mush-Gärtnerei bilden einen improvisierten Steingarten.

Der Zugang zu einem umgrenzten Bereich ist meist ein Tor. Man kann dafür das gleiche Material verwenden wie beim Zaun, aber eine Abweichung mag ebenfalls ihren Reiz haben. Holz- und Metalltore passen beide zu Ziegel- und Steinmauern, wenn sie dem Stil der Mauer und des Gartens entsprechen.

Die Breite des Tores variiert je nach Platz und Verwendungszweck; sie sollte jedoch mindestens einen Meter betragen, damit man auch mit einem Rasenmäher oder einem anderen Gerät hindurchkommt.

OBEN: Ein Koppelzaun eignet sich gut für diesen frei gestalteten Kräutergarten in der Barn-Owl-Gärtnerei in Oregon.

LINKS: Jim und Susan Pollack haben eine Böschung in ihrem Garten im Nordwesten mit Felsmauern terrassiert und diese dann mit vielen bunten Kräutern und Blumen bepflanzt.

Das Runde
Haus

GANZ LINKS: Aufgrund der großen Nachfrage nach Trockenblumen wurden mit der Zeit viele Wege mit Lavendel eingefaßt.

LINKS: An anderen Pfaden stehen Heiligenkraut und Wollziest, die sich beide gut trocknen lassen.

Zur Zeit Königin Viktorias gehörte dem Herzog von Westminster ein großes Gut mit einem hübschen ummauerten Gemüsegarten in Surrey. In einer Ecke des Gartens stand ein entzückendes, rundes Haus, Wohnstätte der neun Gärtner und vier Wildhüter, die die Anlage pflegten. Erbschaftssteuern zwangen die Familie des Herzogs, das Anwesen aufzuteilen und zu verkaufen, so daß jetzt Vivian und Heather Taylor im Round House wohnen. Zwischen die alten Obstbäume haben sie neue Lavendelhecken, Unmengen von Majoran und viele andere duftende, farbenfrohe Pflanzen gesetzt.

Die Taylors wollten aus dem Anwesen einen Garten machen, in dem Käufer ihre Früchte selbst ernten könnten. Herr Taylor wuchs bei seiner Tante, einer begeisterten Gärtnerin und Blumenbinderin, auf und mußte als Kind bei der Arbeit mithelfen. Heather kann sehr gut mit Menschen umgehen, „also erschien uns das die perfekte Kombination für dieses Vorhaben", sagt

OBEN: Mit der Ziegeleinfassung sehen die Pfade immer ordentlich aus.

RECHTS: Die Dachkammer des Turms ist der ideale Aufbewahrungsort für die getrocknete Ernte. Von der Decke hängen farbenprächtige Kräuter- und Blumenbündel.

er. Es gab bereits einen alten Obstgarten, den sie mit Hilfe des Gärtners, der fünfundvierzig Jahre auf dem Anwesen gearbeitet hatte, wieder auf Vordermann brachten. Die Taylors legten ein Beet mit Beerensträuchern sowie einen Gemüsegarten an und belieferten Gasthäuser in der Umgebung mit ihren Produkten.

Durch eine 450 Meter lange Rabatte mit Lavendel wurde der Garten noch ansprechender. Die Blüten schnitten sie ab und trockneten sie. Als zufällig ein bekannter Londoner Florist vorbeikam und, beeindruckt von der guten Qualität, Unmengen von Lavendel kaufte, erkannten die Taylors die guten Absatzmöglichkeiten für Trockenblumen. Bald ersetzten sie das Gemüse und teilweise auch die Obstbäume durch Goldrute, drei Lavendelsorten, weiße Immortellen, Rainfarn und Majoran und pflanzten weitere Kräuter und Blumen hier und da im Obstgarten. Heute bauen die Taylors mehr als achtzig verschiedene Kräuter- und Blumensorten zum Trocknen an. Während Vivian sich um den Garten kümmert, ist Heather für die Aussaat und Vermehrung der Pflanzen verantwortlich. Außerdem führt sie noch den kleinen Laden, in dem sie Obst und Trockenblumen verkauft.

Die Gartenanlage ist in Vivian Taylors Kopf entstanden. „Jeder Gartenneuling sollte ein oder zwei sehr gute Gartenbücher lesen“, sagt er. Den ursprünglichen Entwurf, der schon weitgehend verwirklicht war, versah er mit zahlreichen Anmerkungen, und er arbeitete einen Pflanzplan aus. Die große Nachfrage machte im Verlauf der Zeit Veränderungen notwendig; man brauchte zum Beispiel Sträucher, deren Zweige für Gestecke mit Glyzerin getränkt werden können. Außerdem kam noch eine Reihe von weiteren Rosenrabatten hinzu.

LINKS: Dicht stehen Rosen und Mohnblumen, hübsch eingefriedet mit Heiligenkraut und Wollziest, in einer tiefen Rabatte vor der Mauer. Im Vordergrund dunkelpurpurne Katzenminze.

UNTEN: Jeder freie Platz wird genutzt: auch im Obstgarten stehen hier und da Mohnblumen und Rittersporn.

Ein Großteil des Runden Hauses dient als Darre, und in den Wohnräumen der Taylors stehen Tabletts mit Blumenbündeln zum Trocknen. Die Pflanzen werden nach dem Trocknen verkauft oder zu hübschen Gestecken verarbeitet.

Für das Blumentrocknen empfiehlt Vivian einen warmen, dunklen, gut belüfteten Ort. „Wenn die Blumen in der Erde eine schöne Farbe haben, dann bewahren sie diese auch im trockenen Zustand“, sagt Vivian. „Auf den Boden kommt es an – deshalb arbeiten wir jedes Jahr vierzig Tonnen Pferdemist in den Garten ein.“

LINKS: Überall im Garten wachsen verschiedene Rosensorten, mit denen sich immer neue Trockenarrangements gestalten lassen. Hier gedeihen mehrere Arten hinter einer Lavendelhecke.

Als Kind verabscheute John Musnicki Gartenarbeit, denn er mußte sich sein Taschengeld mit Unkrautjäten verdienen. An seinem Garten in Bridgehampton auf Long Island erkennt man aber deutlich den geborenen Gärtner, der – trotz schlechter Anfangsbedingungen – voller Freude die unterschiedlichsten Pflanzen pflegt und erforscht.

John, ein gelernter Landschaftsgärtner, arbeitet jetzt als Landschaftsarchitekt und experimentiert mit Wildblumen, Iris und anderen Blumen und Sträuchern.

Mit dem Kauf einiger Zwergkoniferen nahm der Garten um sein Haus Gestalt an, da er dafür Beete anlegen mußte. „Ich mag keine geraden Linien", sagt John, „deshalb schnitt ich mit dem Rasenmäher rundherum ein paar hübsche Kurven." Danach entfernte er die Rasenstücke mit einem Grassodenschneider. Der Boden wurde kultiviert und dann mit mildem organischem Dünger behandelt, der die Pflanzen nicht verbrennt. Eine kleine Menge dieses Düngers gräbt John jedesmal in die Erde ein, wenn er neue Kräuter und Blumen pflanzt. Auch die anderen Beete sind so angelegt.

LINKS: Üppige Lavendelbüsche fassen die Rabatte vor einem sorgfältig renovierten, 100 Jahre alten Zaun in der Nähe von Southampton ein.

RECHTS: Lavendel dient auch als Einfassung für den gewundenen, mit Ziegelsteinen gepflasterten Weg beim Kräutergarten. Der dekorative alte Markierungsstein verhindert, daß der Gartenschlauch die Beete beschädigt.

John liebt hübsche Kurven

Im Garten steht jetzt eine Gartenlaube mit Blick auf einen Fischteich, außerdem gibt es Tausende von Blumenzwiebeln, ein schattiges Waldstück sowie einen kleinen Kräutergarten direkt vor der Küchentür. „Wir essen jeden Tag Kräuter", sagt er. „Wir kochen alle gern und würzen alles mit Kräutern." Die Familie hat eine besondere Vorliebe für Petersilie, und damit immer genügend vorhanden ist, wächst die Kräuterpflanze selbst in den Blumenbehältern auf der Terrasse.

John ist ein leidenschaftlicher Sammler. Von Floh- und Antiquitätenmärkten hat er alte Waschzuber, Windkreisel, Bänke und andere praktische und auch dekorative Gegenstände mitgebracht und den Garten

OBEN: Eine alte, von immerblühenden Fairy-Rosen eingerahmte Bank begrüßt die Besucher.

LINKS: Mittelpunkt des kreisförmigen Kräutergartens vor der Küchentür ist eine hübsche Sonnenuhr aus Stein. Die ehemaligen Trampelpfade sind heute mit Ziegeln belegt, die fest im Boden sitzen.

damit verschönert. Mehrere alte Zaunpfähle und zwei steinerne Markierungspoller sind zum Beispiel nicht nur Zierde, sondern sie verhindern auch, daß der Gartenschlauch die Pflanzen in den Beeten beschädigt. Der Garten verändert sich ständig, denn John versetzt ununterbrochen Bäume, Sträucher, Pflanzen und Ziergegenstände, vergrößert vorhandene Beete oder legt neue an.

Er ist der festen Überzeugung, daß man nur durch Experimente und Fehler etwas über Gartenarbeit lernt. Ein Tip aus seinem Erfahrungsschatz: „Setzen Sie einen Teich oder eine Gartenlaube nahe ans Haus, sonst geraten sie in Vergessenheit."

John selbst sitzt in Sommernächten sehr oft in seiner Laube zwischen Kräutergarten und Teich – und genießt beides.

OBEN: Die rosafarbenen Blüten einer alten Rose hängen in großer Fülle über die Zaunecke. Die Farbpalette wird noch um die Violettöne von Lavendel, Felberich und Zierlauch bereichert.

RECHTS: Hinter dem Zaun herrschen Rot- und Purpurtöne sowie Iris, Phlox und Glockenblumen vor. Die leuchtend orangefarbenen Mohnblumen setzen lebendige Akzente.

Der Garten-weg

LINKS OBEN: Der Weg im Park-and-Tilford-Kräutergarten in Vancouver besteht aus Trittplatten, zwischen denen niedrige Kräuter wachsen.

RECHTS OBEN: Unverwüstliche Kräuter gedeihen zwischen den Schieferstufen von Carole Savilles Hanggarten in Kalifornien.

LINKS: Wo sich der Pfad verbreitert, sorgen trittunempfindliche Minze, Thymian und Kamille für einen Hauch Grün.

OBEN: Ein ordentlicher Ziegelweg führt an einer farbenfrohen Rabatte entlang zu Diane Sheridans Hintergarten.

MITTE: Rundholzscheiben sind als Trittplatten in diesen Kiesweg eingelassen.

Wege, ein wesentlicher Bestandteil des Gartens, locken den Besucher noch in den letzten Winkel oder zu einem besonders schönen Plätzchen und verknüpfen dabei verschiedene Bereiche miteinander. Bei Regenwetter gelangt man auf ihnen trockenen Fußes zu den Beeten. Wie alle Gestaltungselemente sollten Wege den Gesamteindruck der Anlage widerspiegeln. Ziegel und Stein wirken meist formaler als Kies,

RECHTS: Ein Schieferplattenweg in Karen Caubles Garten führt an Wollziest, Wucherblumen und Lavendel vorbei.

UNTEN: Saubere, breite Kieswege kontrastieren mit den üppig wachsenden Kräutern in der Barn-Owl-Gärtnerei.

Holzstückchen, Gras, Moos oder runde Trittplatten aus Holz. Zwar sind sie teurer und schwieriger zu verlegen, dafür aber auch pflegeleichter. Ein mit Kies oder Holzstückchen bestreuter Weg läßt sich leichter von Unkraut freihalten und pflegen, wenn er mit einer Plastikkante eingefaßt ist. Graswege müssen natürlich regelmäßig gemäht werden, sie sollten also breit genug für den Rasenmäher sein. Unabhängig vom Material sollte Ihr Gartenweg mindestens 60 Zentimeter, bei großzügiger Planung 1,20 Meter breit sein, damit zwei Personen nebeneinander gehen können.

Lassen Sie auf hügeligem Terrain Stufen aus passendem Material in den Weg ein. Für Gras- oder Mooswege eignen sich Baumstümpfe oder Eisenbahnschwellen als Setzstufen. Mit Thymian oder Kamille, die aus den Ritzen herauswachsen, verlieren Steinstufen ihre Strenge. Die Treppen sollten mindestens 1,20 Meter breit sein.

UNTEN LINKS: Eine interessante Kombination aus Ziegel und Betonplatten verleiht diesem Weg auf der Folly Farm in Berkshire, England, seine besondere Note.

UNTEN: In Anne Cox Chambers' Garten bestehen die Stufen aus Brettern, die von quadratischen Holzpflöcken gehalten werden.

RECHTS: Trittplatten im Rasen bilden einen hübschen und pflegeleichten Weg in Anne Cox Chambers' provenzalischem Garten.

OBEN: Ein von Thymian gesäumter, unregelmäßig mit Schieferplatten belegter Pfad lockt den Besucher zu einem Spaziergang durch diesen Garten in New England.

UNTEN: Aus der Kombination von rechteckigen und quadratischen Natursteinen und Kieseln entstanden die Muster dieses Weges beim Bourton House in Gloucestershire.

OBEN: Ein einfacher Kiesweg windet sich im kalifornischen Garten von Carol Saville durch Kapuzinerkresse, Salbei und Thymian.

OBEN: Mit Mulch aus Haselnußschalen ist dieser attraktive und zugleich praktische Gartenweg auf der Kräuterfarm bei Seattle bedeckt.

RECHTS: Diese bequemen Stufen sind schlichte Eisenbahnschwellen; auf den breiten Trittflächen wächst kriechender Thymian.

LINKS: Widerstandsfähige Lavendelhecken säumen diesen üppigen Grasweg bei Bernard Perris' Haus.

UNTEN: Charles Cuzzins friedete einen Schieferplattenweg mit Steinen ein.

GANZ UNTEN: Mark Brown hob die Kreuzungen der Kieswege in seinem Garten in der Normandie mit Quadraten aus Pflastersteinen hervor.

OBEN: Stein- und Grasstufen passen sich in Anne Cox Chambers' Garten in der Provence der Landschaft an.

MITTE: Timothy Vaughan schuf mit den kreisförmig verlegten Pflastersteinen eine interessante Unterbrechung eines Weges in seinem Garten.

RECHTS: Breite Trittplatten aus Zement am Rand einer Rabatte führen die Besucher zur Eingangstür von Susan Ryleys Haus in Vancouver.

LINKS: Ungepflasterte Wege winden sich durch eine bunte Mischung aus Blumen und Kräutern.

RECHTS: In einer Wegbiegung führen Steine zwischen kriechendem Thymian zu einer von Wollziest eingewachsenen Steinbank.

Als ihre Kinder noch klein waren, arbeitete Judy Wigand gerne in der Gärtnerei nebenan, hatte aber nie Zeit für einen eigenen Garten. Dann wurden die Kinder erwachsen, und sie erprobten ihre Fähigkeiten an dem Garten hinter dem Haus. Die Pflanzen gediehen prächtig, und Judy begann sie zu vermehren und zu verkaufen. Das Geschäft ging so gut, daß sie einen weiteren Garten vor dem Haus anlegte und ihren Job aufgeben konnte.

Wie ein Wildblumenfeld

LINKS: Die Böschung im Vorgarten wurde mit Eisenbahnschwellen terrassiert, die auch als Stufen zwischen den einzelnen Ebenen Verwendung fanden.

OBEN: Graublättrige Pflanzen und weiße Blüten an den Gartenwegen lenken den Blick weiter und bilden einen angenehmen Kontrast zu den vielen Rosa- und Violettönen. Ein großer Felsbrocken dient als Gartendekoration.

Judy legte Wert auf eine natürliche Gestaltung. „Er sollte wie ein Feld mit Wildblumen aussehen", erklärt sie. Von Anfang an fühlte sie sich zu Kräutern hingezogen, wegen ihrer Farbausgewogenheit und der Vielfalt an Strukturen und Blättern. „Durch die silbergrauen Blätter von Beifuß- und Salbeigewächsen treten die Farben von Blumen wie Bartfaden richtig leuchtend hervor", sagt sie. „Und sie lockern die Grüntöne auf. Das ist besonders bei mehrjährigen Pflanzen wichtig." Sie hat inzwischen auch entdeckt, daß sie mit Kräutern bestimmte Insekten von ihrem Garten fernhalten kann.

Der Garten ist klug angelegt, so daß man ihn nicht mit einem Blick erfassen kann. Da der Boden eben war, dachte sich Judy versteckte Plätze hinter blühenden Sträuchern aus. Wege schlängeln sich durch diese geschützten Flecken, und strategisch geschickt aufgestellte Bänke laden zum Verweilen und zum Genießen der Blumen ein.

Judy hat ziemlich genaue Vorstellungen von einer Gartenbepflanzung. „Wenn Sie eine Pflanze richtig kennenlernen wollen, muß sie mindestens ein Jahr lang im Garten stehen. Man muß sich schon bei der Pla-

LINKS: Lavendel, umgeben von Inkalilien und Gleichzipfel, einem in Australien heimischen Bodendecker, ergibt eine bunte Farbkombination.

RECHTS: Hinter jeder Wegbiegung und hinter geschickt gesetzten Sträuchern tauchen neue Pflanzen auf: eine Entdeckungsreise.

nung für warme oder kühle Farben entscheiden. Wenn eine Farbe dominiert, sieht der Garten größer aus."

Nach dem die Gartenstruktur feststand, begann Judy zu pflanzen. „Ich sammelte meine Pflanzen und setzte sie dann an einem Tag ein, an dem ich klar denken konnte. Man braucht dazu eine gewisse Konzentration", fügt sie hinzu. Kräftige Blätter wachsen als Kontrast neben feingliedrigen. Viele Pflanzen im Garten kommen aus Südafrika und Australien; sie gedeihen in Kalifornien, weil dort ein ähnliches Klima herrscht. Die Sträucher bilden überall den Hintergrund, und die unterschiedlich hohen Pflanzen geben immer wieder schöne Durchblicke frei. Der fertige Garten erfordert ständige Beobachtung und Pflege. „Wenn Sie eine Pflanze an einer Stelle stört, versetzen Sie sie", rät Judy.

Einfassungen

In einem Kräutergarten sind Einfassungen praktisch und dekorativ zugleich. Sie hindern das Gras am Überwuchern der Beete, das ansonsten den Pflanzen Nährstoffe und Platz wegnimmt. Außerdem erleichtern sie das mühselige Unkrautjäten. Ohne Einfassungen müßte man mehrmals pro Jahr die Beete mit einem Spaten abstechen, und die Pflanzen würden sich ihrerseits über die gekiesten oder gemulchten Wege ausbreiten.

Metall- oder Plastikstreifen aus dem Gartencenter sind praktisch, doch schöner machen sich Ziereinfassungen. Sie sind eine optische Untermalung des Stils und der Anlage des Gartens. Die beliebten Ziegel lassen sich hochkant verlegen und ergeben, schräg gesetzt, eine gezackte Rabatteneinfassung. Auch Natursteinpflaster und antike viktorianische Ziegeleinfassungen, die jetzt wieder hergestellt werden, eignen sich gut.

Steine oder niedriger Flechtzaun sind als Einfassung eher unpraktisch, da sich damit das Gras nicht so wirkungsvoll bändigen läßt; allerdings sehen sie bezaubernd aus.

In einem frei gestalteten Garten lassen sich die Pflanzbereiche auch mit Eisenbahnschwellen abgrenzen; sie wirken freilich nicht unbedingt

OBEN UND OBEN RECHTS: Die biegsame, mit Pflöcken befestigte Raseneinfassung aus Kunststoff ist ideal für geschwungene Beete wie hier auf der Barn-Owl-Gärtnerei in Oregon.

RECHTS: Auf der Manor Farm in Wiltshire, England, wurde der Rasen mit Katzenminze eingefaßt.

GANZ RECHTS: Imprägnierte Bretter sind schlicht, praktisch und eignen sich als Einfassung in einem freigestalteten Garten.

dekorativ. Für ein Hochbeet aber, in dem sich der Boden besser dränieren und aufbereiten läßt, sind sie durchaus brauchbar.

Am einfachsten faßt man einen Kräutergarten mit anderen Kräutern ein, die man über die Ränder quellen läßt. Das rundet die harten Kanten eines mit Steinen oder Ziegeln gepflasterten Wegs ab und macht bei einem Grasweg die Einfassung praktisch überflüssig. Wollziest, Katzenminze, Lavendel, Frauenmantel, Zitronenmelisse, Duftgeranien und andere üppig wuchernde Pflanzen eignen sich für diesen Zweck immer noch am besten.

OBEN: Kiesweg mit einer Doppelreihe größerer Kiesel als Einfassung.

RECHTS: Auf der Kräuterfarm grenzen Natursteine die Beete ein.

UNTEN: Einen witzigen Vasensockel bilden Ryan Gaineys umgedrehte Blumentöpfe.

UNTEN: Karen Cauble verwendet entrindete Rundhölzer als Beeteinfassung in ihrem Kräutergarten.

GANZ UNTEN: In den Majorelle-Gärten in Marrakesch kontrastieren leuchtend blaue Betonaufkantungen hübsch mit dem grünen Laub und den kräftigen Blüten der Kapuzinerkresse.

Der Kunsthandwerker James Cramer hat einen ganz individuellen Garten um das alte Bauernhaus in Maryland geschaffen, das er sich mit seinem Kollegen Dean Johnson teilt. Überall im Garten stehen sorgfältig gearbeitete Vogelhäuschen, Deans Spezialität, sowie rustikale Antiquitäten, die man einer neuen Bestimmung zuführte.

Als die beiden einzogen, gab es nur weiße Hortensien, eine Rose und eine Weinrebe, die sich an einem alten Holzpfosten hochrankte. Bei der Anlage des Gartens konzentrierte sich Jimmie jeweils auf einen Bereich. „Es ist leichter, bei etwas Vorhandenem anzufangen", sagt er. „Ich nahm mir als erstes diese Felsplatten mit dem Brunnen vor, die direkt vor der Küchentür lagen. Wir fanden eine alte Pumpe und stellten sie als Blickfang darauf."

Rings um die Pumpe entstand ein kreisförmiger Garten. Zuerst wurde natürlich der Boden mit Hühnermist, Torfmoos und kompostiertem Gras vorbereitet. Der Platz war für den Küchengarten vorgesehen und wurde mit Kräutern bepflanzt. „Meine Arbeit in Werkstatt

LINKS: Der Blickfang des Küchengartens ist eine alte Pumpe.

RECHTS: Jimmies Sammlung alter Körbe und getrocknete Kräuterbündel hängen in der Nähe des Kamins im alten Waschhaus.

Mit Vogelhäuschen und Vogelscheuche

LINKS: Im Sitzbereich bietet Deans phantasievolle Vogelscheuchenbank zusätzlichen Gästen Platz. Der alte, aufgebockte Tisch dient zum Umtopfen der Pflanzen. Durch das selbstgezimmerte Tor mit Herz gelangt man in den Garten.

RECHTS: Das Blockhaus für Vögel versah Dean sogar mit einem Lattenzaun.

und Garten läßt mir zwar keine Zeit zum Kochen, aber ich mag Potpourris und Dekorationen mit Trockenblumen. Manchmal stelle ich einfach nur eine große Schale mit Bergamottminze auf, weil sie so frisch riecht", sagt Jimmie.

An den Rändern des vorhandenen Steinwegs wuchsen bald die Kräuter. „Bei der Wegbepflanzung achtete ich genau auf Farben und Strukturen", erzählt Jimmie. „Ich stellte mir vor, daß Wollziest mit seinen pelzigen Blättern über den Pfad quoll. Es ist wichtig, die Beete durch unterschiedliche Pflanzhöhe abwechslungsreich zu gestalten", fügt er hinzu. Also wurden unter anderem Salbei, Oregano und Rainfarn an den Pfaden sowie vor einem Zaun stufig angepflanzt. Seither wird der Garten jedes Jahr erweitert. Zuerst bepflanzte Jimmie den Gartenzaun, dann legte er einen Garten in einer Ecke und einen weiteren im hinteren Teil an.

Jimmie kümmert sich tagsüber immer wieder um den Garten. „Ich setze mich morgens in den Kräutergarten und trinke Kaffee", sagt er. „Ich zupfe ein paar Unkräuter aus, und dann gehe ich in meine Werkstatt und arbeite. In der Kaffeepause jäte ich wieder Unkraut. Abends gieße ich und bin stundenlang im Garten. Ich habe eine Menge kreativer Ideen. Ich sehe mich um und überlege, was wir für den Garten brauchen, zum Beispiel eine Vogelscheuche, und dann baut sie Dean irgendwann."

LINKS: Ein Bienenkorb wird durch einen alten, umgekehrt montierten Futterportionierer auf vier Beinen vor Wind und Wetter geschützt.

RECHTS: Bei der Erweiterung des Gartens richtete Jimmie einen Sitzplatz bei dem alten Waschhaus ein, das jetzt als Schuppen dient.

NÄCHSTE SEITEN: Gesamtansicht des Gartens.

Häuser für Vögel

GANZ OBEN: Dulcey Mahar begrüßt die Besucher ihres Gartens in Portland mit einem einfachen Vogelhäuschen.

OBEN: Eines der originellen Vogelhäuschen, die Millie Kiegel für Penny Vogels Garten anfertigte.

RECHTS UND OBEN RECHTS: Audrey Julian sammelt kunsthandwerkliche Vogelhäuschen.

Von der Zeit der Römer – sie bauten hausgroße Unterschlüpfe für ihre Tauben – bis ins späte 19. Jahrhundert haben sich Vogelhäuser kaum verändert. Auf die riesigen Taubenschläge folgten kleinere Häuschen, die viel besser in einen normalen Garten paßten und für Singvögel attraktiver waren. Seither verschönern Vogelhäuser viele Gärten. Kunsthandwerker bauen sie oft als Nachbildungen von Scheunen, Landkirchen, Blockhäusern oder sogar Tankstellen. Da zur Zeit ein großes Interesse an Gartenarbeit und Kunsthandwerk besteht, werden nostalgische Modelle auf Floh- und Antiquitätenmärkten von Gärtnern und Sammlern heiß begehrt und hoch bezahlt.

Vogelhäuser auf hohen Pfosten ziehen die Aufmerksamkeit an; mehrere Pfosten an einem Grenzzaun betonen die Linienführung und verschaffen den Vögeln leichten Zugang. Die Häuschen lassen sich auch

OBEN: In einer Ecke von Ryan Gaineys Garten steht eine ganze Vogelstadt inklusive Kirche.

RECHTS: Eine große Vogelfamilie würde sich in Kerry Hippensteels sorgfältig gebautem Haus, bei dem auch die Veranda nicht fehlt, sicher wohl fühlen.

UNTEN: Der Miniatur-Taubenschlag in Carol Kellys Garten.

OBEN, VON OBEN NACH UNTEN: Eine beeindruckende Heimstatt aus Audrey Julians Sammlung; dieses formale Haus ist ein glänzendes Beispiel für Dean Johnsons Können; ein rustikales Haus mit Blechdach aus Ryan Gaineys Garten.

LINKS: Für Penny Vogels Vögel hat Millie Kiegel sogar eine Gemischtwarenhandlung gebaut.

OBEN: Millie Kiegel begrüßt ihre Lieblingsvögel mit einem Herz.

LINKS: Der mit Rosen bewachsene Taubenschlag aus Ziegel beim Littlecote House in Berkshire.

UNTEN: In Andrea Derns Garten in Kalifornien wohnen glückliche Vögel in einem Haus mit eigener Veranda.

LINKS OBEN: Der Taubenschlag beim Heale House.

LINKS MITTE: Noch ein Beitrag von Dean Johnson für Jimmie Cramers Garten.

LINKS: Millie Kiegels Fly Low Inn bietet Schutz für Zugvögel.

RECHTS: Dean Johnsons Blockhaus mit den wunderschönen Details, das in Maryland steht, ist eher etwas für genügsame Bewohner.

an Ästen und Hauswänden aufhängen, oder man stellt sie einfach auf einen Baumstumpf oder Stein.

Die hübschen Behausungen sind sehr dekorativ, dienen aber auch zahlreichen Vögeln als Zuhause, deren natürliche Nistplätze im Zuge der Bebauung immer häufiger zerstört werden. Die meisten Vögel nisten zwar im Freien, es gibt aber eine Reihe von Arten, darunter Purpurschwalben, Zaunkönige und Hüttensänger, die lieber ein Dach über dem Kopf haben. Vogelhäuschen brauchen Öffnungen zur Belüftung und Dränage. Räumen Sie die alten Nester jedes Jahr aus, damit sich keine Parasiten, Milben, Wespen oder Mäuse einnisten.

Die Größe des Innenraums und des Durchschlupfes entscheiden, welche Vögel sich angezogen fühlen. Ein etwa vier Zentimeter großes Loch ist für die meisten Vögel ausreichend.

OBEN: Der belebte Taubenschlag bei Bernard Perris' Bauernhaus ist hinter grünem Efeu verborgen.

LINKS: In Margaret Willoughbys Garten in Oregon verstecken sich zwei Vogelhäuser hinter einer Wolke aus „Rambling Rector"-Rosen.

UNTEN: Noch eines von Millie Kiegels Vogelhäuschen, diesmal aus Penny Vogels Garten.

LINKS: Serena Bouanchaud hat für die Vögel in ihrem Garten sogar eine Veranda gebaut, um sie vor der heißen Sonne Louisianas zu schützen.

Ein Kräuterparadies

Hoch oben auf einem sonnigen Hügel von Vancouver Island haben Noel Richardson und Andrew Yeoman ein altes Farmhaus in ein Kräuterparadies verwandelt, das nach den Raben, die ihnen bei der Gartenarbeit um die Köpfe schwirren, Raven Hill Kräuterfarm heißt. Während ihres ersten Sommers hier entwarf Andrew die Gartenpläne, und erst, als sie fertig waren, wurde die erste Pflanze eingesetzt. „Es ist wichtig, daß der Garten dem Grundstück entspricht", sagt er. „Ich entwarf ihn vom Haus aus, damit man von jedem Fenster eine schöne Aussicht hat."

Ein paar alte Bäume bildeten den Rahmen für die ersten Arbeiten, Andrew mußte das abschüssige Gelände jedoch terrassieren, damit es nicht so aussah, als rutschte das Haus ab. Dann wurde der Boden, wo erforderlich, mit organischem Material und Kalk verbessert und 15 Zentimeter Ackerkrume für die Hochbeete dazugegeben. Mit der zusätzlichen Erde über der Lehm-

LINKS: Rosmarin, Salbei, Lavendel, Mohn, Thymian, Wollziest, Beifuß und andere Kräuter säumen den Pfad zum kleinen Gewächshaus am Ende des Gartens. Damit die Unterschiede der verschiedenen Bereiche sichtbar werden, sah Andrews Gartenentwurf mehrere Ebenen vor, deren Übergänge durch einfache Eisenbahnschwellen gestaltet werden.

RECHTS: Der Schnittgarten liegt auf der Böschung mit Blick auf die San Juan Strait.

LINKS: Im strengsten Teil des Gartens hat man Buchsbaum zu ordentlichen Würfeln getrimmt, Gartennelken bilden leuchtende Farbtupfer vor einer Teakholzbank. Die Töpfe mit den kleinen Lorbeerbäumchen werden im Winter ins Haus gestellt.

RECHTS: Andrew hat den Thymiansitz aus einheimischem Stein gebaut und in der Mitte eine Mischung aus Erde und Geröll eingefüllt, damit das Wasser abfließen kann und die Wurzeln Platz zum Wachsen haben.

schicht hatten die Wurzeln mehr Platz zum Wachsen und auch eine bessere Dränage. „Man muß sich nach den Pflegeerfordernissen und dem Klima richten, wenn man einen Garten plant", rät Andrew. „Man darf nicht nur die eigenen Wünsche durchsetzen. Man muß sich Zeit lassen, um herauszufinden, wozu sich das Land eignet, und flexibel bleiben. Wenn der Gartengrundriß feststeht, experimentiert man mit Pflanzen. Da muß man abwarten, was geschieht. Wenn sich Pflanzen neu aussäen, läßt man die Sämlinge wachsen und prüft, ob sie hineinpassen. Wenn nicht, nimmt man sie heraus."

Der Garten hat mehrere unterschiedliche, durch einen Ziegelpfad miteinander verbundene Bereiche. „Mir gefällt das warme Rot als Gegensatz zu den milden Grau- und Grüntönen der Kräuter", sagt Andrew, „und es paßt auch gut zu dem Granit aus der Gegend, mit dem wir die Mauern gebaut haben." Mit Wegen und Ziegeleinfassungen bleibt der Garten auch überschaubar.

Zunächst beschränkten sich die beiden auf Küchenkräuter, die sie wie ihr Nachbar an Restaurants verkauften. Zur leichteren Pflege und für bessere Erträge pflanzte Andrew diejenigen Kräuter, die guten nährstoffhaltigen Boden brauchen, und solche, die auch auf kargen Böden gedeihen, in verschiedene Beete. Er düngt den Garten mit Kompost aus Eichenlaub, Hühner- und Schafsmist und kompostierten Grasabfällen. Karger Boden wird mit Knochenmehl oder Mineralphosphat und Kalk angereichert.

„Ich setze auch nur problemlose Pflanzen", sagt er. „Kräuter werden in der Regel seltener von Schädlingen und Krankheiten befallen als Blumen, obwohl die Kapuzinerkresse manchmal Blattläuse bekommt."

Da Noel der ungezwungene Stil englischer Bauerngärten besser gefällt als Andrews Ordnungsliebe, haben sie die mühselige Gartenarbeit

OBEN: Viele von Noels Küchenkräutern wachsen in den Kübeln hinter dem Haus.

RECHTS: Ein pflegeleichter Teppich aus Thymian, der auf der Felsmauer an der Einfahrt wächst, besticht durch seine kontrastierenden Farben und Strukturen.

aufgeteilt. Noel ist für die Pflanzbehälter auf der Terrasse und hinter dem Haus zuständig. Sie enthalten eine Mischung aus zwei Dritteln Blumentopferde und einem Drittel von Andrews Kompost. „Ich dünge sie einmal pro Woche, und im Juli und August muß ich meistens jeden Tag gießen", sagt Noel. Hinter dem Haus wachsen Küchenkräuter, aber auch Zitronenmelisse, die mit Kapuzinerkresse unterpflanzt ist, Lorbeer- und Rosmarinbäumchen, weiße Margeriten und Petunien, und was Noel in den Töpfen auf der Terrasse sonst noch gefällt. Im Sommer gedeihen sie prächtig im Freien, und im Winter kommen die empfindlichen Mehrjährigen ins kalte Gewächshaus. „Nach einer gewissen Zeit sind sie wie Kinder", sagt sie.

Durch den Umgang mit den vielen frischen Kräutern hat Noel eine neue Karriere als Kochlehrerin und Kochbuchautorin begonnen. Alle eßbaren Kräuter und Blumen im Garten landen schließlich in ihrer Küche in einem verführerischen Gericht, das sie sich zusammen mit den Küchenchefs, die die Kräuter kaufen, und mit Besuchern schmecken läßt.

OBEN: *Die schmiedeeiserne Sitzgelegenheit umgibt einen Baum in Anne Cox Chambers' Garten in der Provence.*

OBEN RECHTS: *Im Charlton Park in England schmiegen sich rosafarbene und weiße Blumen an eine verschnörkelte Eisenbank.*

RECHTS: *Metall läßt sich unterschiedlich bearbeiten, wie man an diesem Stuhl mit dem Feuerradmuster sieht.*

UNTEN: *Ein runder, in eine Hecke eingelassener Holzsitz aus Gitterwerk bildet einen schattigen Zufluchtsort in den Gärten des Het-Loo-Palastes in Holland.*

Sitzplätze im Garten

Einen Garten kann man nur von einem bequemen Sitz aus richtig genießen. Man bewundert die verschiedenartigen Blätter und zierlichen Blüten der Lieblingskräuter, atmet ihren wohltuenden Duft ein und schaut Bienen und Schmetterlingen zu.

Es gibt eine Riesenauswahl an Gartensitzgelegenheiten, angefangen bei Nachbildungen traditioneller Stühle und Bänke aus Metall oder Holz bis hin zu modernen, phantasievollen kunsthandwerklichen Sitzen. Manche Bänke stehen rund um einen

RECHTS: *Diese rustikale Bank aus Ästen paßt genau zwischen zwei Bäume. Sie ist von beiden Seiten benutzbar.*

schattenspendenden Baum, andere sind in rosenumrankte Lauben eingebaut; es gibt auch Steinbänke mit Thymiansitzflächen, Baumstümpfe aus Zement, ja sogar alte Parkbänke. Suchen Sie sich eine Sitzgelegenheit aus, die Ihnen gefällt und zum Garten paßt, stellen Sie sie in ein schattiges Eckchen, an den Rand des Kräutergartens zwischen Minze- oder Thymianbüsche oder an eine Wegbiegung, von der aus Sie den Blick in beide Richtungen genießen können.

Möbel in dezenten, natürlichen Farbtönen passen auch in einen kleinen Garten. Metall- und Holzmöbel werden oft in den Farben Dunkelgrün oder Schwarz gestrichen, die gut mit dem Hintergrund verschmelzen. Weiß hebt sich gegen das natürliche Grün des Gartens ab und lenkt den Blick auf die Sitzgelegenheit, wirkt aber reizlos, wenn es im Garten noch andere weiße Elemente gibt.

Auch zartes Graublau, das mit Stein harmoniert, eignet sich als Grundfarbe. Ausgefallene Farben wie Blaßgrün und grünstichiges Blau wirken attraktiv, wenn sie sparsam eingesetzt werden.

OBEN: Elizabeth Rocchia schuf in ihrem Garten in England eine eigenwillige Sitzgelegenheit. Die Wand des Gartenschuppens hinter der Bank ist mit Trompe-l'œil-Malerei verziert.

LINKS: Auf einer Terrasse in England stehen traditionelle, dunkelgrün gestrichene Holzstühle.

UNTEN: Eine geschwungene Steinbank ziert die Gärten von Jenkyn Place in England.

LEMON

Kräuter für den Laden

Audrey Julian und ihr Mann Doug wohnen in Pennsylvania auf dem Land in einem hübschen Gebäude, das 1758 als Gemischtwarenhandlung eingerichtet wurde und bis heute als Laden genutzt wird. Als Audrey das Gebäude zum erstenmal sah, stellte sie sich sofort Kräutergärten statt der alten Autoreifen und des anderen Unrats vor, der sich unter den Fliedersträuchern angesammelt hatte. Dies war der ideale Platz für ihre Familie und ihren Laden, in dem sie Mitbringsel aus den ländlichen Gegenden Amerikas und Antiquitäten verkaufen wollte.

Bald nach ihrem Einzug machten sich Doug und ihr Sohn Chris daran, 50 Jahre alten Unrat und überwucherte Sträucher zu beseitigen. Inzwischen plante Audrey ihren ersten Garten, ein freistehendes Oval mitten auf dem Rasen, wo einst Fliedersträucher gewachsen waren.

Nachdem Audrey den Umriß zuerst auf Papier aufgezeichnet hatte, half Chris ihr dabei, den Garten umzugraben und eine Einfassung aus Steinen anzulegen, die sie aus einer alten Scheune auf dem Anwesen gerettet hatten. Audrey legte

LINKS: Eine alte Bank aus Ästen steht zwischen den Pflanzen im ovalen Kräutergarten. Am unteren Ende wird die Steineinfassung zu einer Stützmauer, die die Böschung abfängt.

RECHTS: Audrey macht ihre eigenen Kräuteretiketten aus kleinen Zedernholzbrettchen.

auch Steinwege quer durch das Oval an, um sich die Pflege und das Pflücken der Kräuter zu erleichtern.

Mittlerweile hat Audrey den Garten durch Versetzen einiger Pflanzen insgesamt ansprechender gestaltet und neuen Platz geschaffen. Da Familie Julian im Sommer zwei oder drei Wochen nach Maine fährt, pflanzten sie vor allem anspruchslosen Thymian und Salbei. Und weil Audrey außerdem wenig Zeit hat, zieht sie mehrjährige Gartennelken und Flockenblumen einjährigen Pflanzen vor und läßt auch Ringelblumen und Fingerhut stehen, die sich selbst aussäen. Um nicht mehr Unkraut jäten zu müssen, mulcht sie dreimal pro Saison die Beete mit kleingehäckselten Rindenstückchen, die unerwünschtes Wachstum verhindern und die Beete dabei gut gepflegt aussehen lassen.

Kaum war der ovale Garten fertig, begann Audrey auf jedes freie Fleckchen Kräuter zu pflanzen. Sie legte noch einen kleinen Garten an der Hauswand und einen größeren vor dem Haus an.

Dort gedeihen Schafgarbe und Beifußgewächse, die sowohl als gestalterisches Element wirken als auch reiche Erträge für Audrey einbringen. Sie bündelt sie und hängt sie zum Trocknen an die Balken und Haken-

LINKS: Damit er trotz der vielen Bäume auf dem Anwesen genügend Sonne bekommt, liegt der Garten in der Mitte des Rasens. Das Ergebnis ist eine Kräuterinsel, gefüllt mit einem Sortiment aus Schnittlauch und Thymian sowie dekorativem Wollziest und Heiligenkraut. Ein paar mehrjährige Geranien spenden ihre Farbe dazu. An sonnigen Tagen hängt Audrey oft eine bunte Decke über eine Wäscheleine. Eine alte bemalte Schubkarre dient als Übertopf für Geranien.

UNTEN: Audrey stellt Körbe mit frischen Blumen und Kräutern als Gartenschmuck auf.

RECHTS: Schafgarbe wächst üppig bei der Eingangstür.

UNTEN: Auf dem alten Baumstumpf inmitten von Kräutern und Blumen macht sich das Vogelhaus recht gut.

bretter im Laden und in der Küche und fertigt daraus hübsche Kränze und Girlanden für ihren Laden. In der Ecke neben der Veranda wachsen noch mehr Kräuter in schönen Töpfen und Fässern.

Audreys gestalterisches Talent wirkt sich auch im Dekor des Gartens aus, der eine charmante persönliche Note zeigt. Echte Bienenkörbe und Terrakottahasen, alte Wetterfahnen und selbstgemachte Hinweisschilder verstecken sich zwischen den Kräutern. Windkreisel stehen auf Baumstümpfen, und überall an den Wänden hinter dem eingefriedeten Garten hängen alte Werkzeuge und Körbe. Die von ihr gesammelten Vogelhäuser – viele davon von führenden amerikanischen Kunsthandwerkern hergestellt – überragen den Garten auf Pfosten oder stehen zwischen den Kräutern. Hier und da laden Bänke, von denen aus man die Aussicht und die Düfte genießen kann, zum Verweilen ein.

RECHTS: Der rautenförmige kleine Garten vor der Küchentür ist durch Ziegel abgegrenzt. Die erhöhten Beete machen einen ordentlichen Eindruck, der niedrige Lattenzaun bildet eine Abgrenzung, ohne die Sicht zu behindern.

Von außen unterscheidet sich Serge Lesnés Haus wenig von den anderen in der Straße dieser kleinen bretonischen Stadt. Aber wenn man durch die Vordertür in das urtümliche Gebäude eintritt, in dem eine Unmenge an Gegenständen steht, die er über viele Jahre hinweg mit Bedacht zusammengetragen hat, dann sieht man durch die Glastüren an der Hinterseite diesen atemberaubenden Stadtgarten. „Er ist ein Geheimnis", erklärt er, „man kann ihn von der Straße aus nicht sehen." Es ist Serges erster Garten und er hat ihn in Zusammenarbeit mit dem Landschaftsarchitekten Timothy Vaughan entworfen und bepflanzt. „Das Wichtigste am Garten ist der Plan", sagt er. „Sonst macht man Fehler."

Zwei Grundvoraussetzungen sollte Serges Garten erfüllen: Erstens sollte er hübsch aussehen und ihm ohne zuviel Arbeit Freude machen. Kräuter und Pflanzen, die er nicht nur nach ihrer Farbe und Klimaverträglichkeit, sondern auch nach ihrer Pflegeleichtigkeit aussuchte, pflanzte er sehr dicht; so braucht er nicht soviel Unkraut zu jäten. Die blühenden Bäume muß er nur ein-

LINKS: Wie die Gartenwege ist der abgesenkte „Hof", der zum Eingang führt, mit alten Steinen gepflastert; ein dunkelgrüner lebender Teppich aus Bubikopf läßt die Fläche größer erscheinen.

RECHTS: Ein schmaler Pfad führt durch den Garten ein paar Stufen hinunter zum Hof des alten Waschhauses und der Garage hinter dem Haus. Geschickte Pflanzungen trennen die beiden Sitzplätze voneinander ab.

Das Wunder hinter dem Haus

Das unglaubliche Blau der Gartenmöbel, ein harmonischer Akzent zum Grün und den Steinen, ist von Serges Großmutter inspiriert. In einer Nische sieht man in einer Vase eine Steinsammlung, und eine glänzende Kugel in einem Metallpflanzenständer hellt die Ecke auf. Serges Liebe zu alten Steinen und sein Talent im Umgang mit dekorativen Gegenständen geben diesem Garten sein besonderes Flair.

RECHTS: Den Eingang zur Terrasse markieren unterschiedlich große Kugeln aus normalem und goldenem Buchsbaum. Die Sträucher ringsherum lassen eine Art abgeschlossenes Zimmer entstehen, in dem sich Serge oft entspannt.

OBEN: Ein Steinbassin, gefüllt mit glatten Steinen, die Serge auf Reisen gesammelt hat, sieht wie ein Nest mit Vogeleiern aus.

UNTEN: Vielfarbige Blätter schaffen einen hübschen Hintergrund für Steinobjekte aus Serges Sammlung.

mal pro Jahr schneiden, damit sie ihre schöne Form behalten und nicht zu groß werden.

Zweitens sollten alte Steine auf der Terrasse und den Wegen integriert werden. So gibt es glatte, ovale Steine, die er auf Spaziergängen aufgelesen hat, Steinstatuen und Granitkugeln, die einst die Torpfosten eines Anwesens zierten. Kleine Buchsbäumchen in Kübeln greifen die Kugelform wieder auf und verleihen den Steinflächen auf den beiden Sitzplätzen weichere Konturen. „Ich habe den Garten wie ein Zimmer dekoriert“, sagt Serge.

UNTEN: Der Londoner Florist Kenneth Turner gestaltet einen farngelockten Gartenmann aus alten Tontöpfen.

Garten-schmuck

Wenn der Plan ausgeführt ist, Mauern und Hecken an Ort und Stelle stehen und die Beete bepflanzt sind, kann der Garten dekoriert werden. Dieser letzte Schritt gibt ihm seinen wahren Charakter und seine persönliche Note. Denken Sie bei der Dekoration des Gartens an ein Zimmer, dem Sie mit den Accessoires das gewisse Etwas verleihen wollen. Ein bestimmter Bereich wird hervorgehoben, ein kahler Fleck versteckt, Höhe oder Farbe kommen ins Spiel – optische Genüsse zur Freude des Betrachters.

GANZ OBEN: Eine hübsch gekleidete Vogelscheuche mit Händen aus Reisigbündeln wacht über den Gemüsegarten im englischen Littlecote.

OBEN: Ein aufrecht stehender oder flach liegender alter Mühlstein macht den Garten interessanter.

LINKS: Eine riesige Steinkugel auf einer efeuumrankten Schornsteinkappe aus Terrakotta steht im Mittelpunkt von Jane Rivkins Kräutergarten.

OBEN: Ein hübscher Zementkorb mit Obst und Blumen auf einer Mauer in Ryan Gaineys Garten in Atlanta.

RECHTS: Eine eindrucksvolle Sonnenuhr mit Armillarsphäre schmückt Nancy Rileys Garten.

UNTEN: In Andy Rocchias Garten im Nordwesten der USA steht dieses alte Eisengitterteil.

GANZ OBEN RECHTS: Einen etwas skurrilen Eindruck hinterläßt Carol Kellys Katze auf dem Rohrstuhl.

MITTE RECHTS: In Joanne Sheas Garten in Virignia schmückt eine dekorative Gießkanne einen efeubewachsenen Baum.

RECHTS: Bienenkörbe sind ein bevorzugter Zierat in Kräutergärten.

Traditionelle Gartenschmuckelemente wie Sonnenuhren, Vogeltränken und Rosenkugeln sind in so vielen Formen und Materialien erhältlich, daß sicher für jeden Geschmack etwas Passendes dabei ist. Sehr beliebt sind auch Vogelhäuschen und Futterkästen, die Nutzen und Dekor verbinden. An bestimmte Kunststoffutterkästen für Vögel beispielsweise trauen sich hungrige Eichhörnchen nicht ran, man kann aber auch kleine, wie Stiefmütterchen bemalte Untertassen auf Stöckchen zwischen die blühenden Blumen setzen. Dekorative Hinweisschilder erinnern Sie daran, was sie wo gepflanzt haben. Ihrer Phantasie sind dabei keine Grenzen gesetzt: nehmen Sie mit wasserfester Tinte beschriftete Zun-

OBEN: Eine antike Kinderschubkarre dient als Dekoration in Charlotte Moss' Garten auf Long Island.

LINKS: Die Statue eines schlafenden Löwen in den Gärten von Jenkyn Place in England.

RECHTS: Ausgesprochen wirkungsvoll macht sich die strenge behauene Säule in einem anderen Teil von Andy Rocchias freigestaltetem Garten.

RECHTS: Die vielen Bartfadenpflanzen geben der Vogeltränke in Andy Rocchias Garten weichere Konturen.

LINKS: *Die Statue der Vier Jahreszeiten steht am Ende eines lavendelgesäumten Weges in Polesden-Lacey in Surrey, England.*

UNTEN: *Die Vogelscheuche aus Stroh im Gemüsegarten auf der Kräuterfarm in Seattle trägt den passenden Westernlook.*

genspatel, Täfelchen aus geritzter Terrakotta, bemaltem Schiefer oder gewalztem Kupfer oder fein emaillierte Metallschilder.

Seit der Antike verwendet man Statuen als Gartenschmuck. Eine klassische Figur ist zweifellos ein charmanter Blickfang, aber ein runder Frosch unter einem Schirm kann auch entzückend aussehen. Oder man verteilt seine Lieblingsobjekte möglichst effektvoll im Garten: Obstschalen vielleicht oder steinerne Hasen. Und jeder freut sich, wenn er unter einem Meer aus Katzenminze einen Hasen oder eine Schildkröte entdeckt oder wenn er einen hölzernen Vogel über einen Strauch Zitronenmelisse dahinfliegen sieht. Alte Balustraden, antike Schornsteinkappen oder ein Blechdachornament sind nicht weniger interessant. Auch ein schöngeformter Felsen oder eine Steinkugel, mit Bedacht plaziert, werden zur schmückenden Skulptur.

Bienenkörbe, antike Pflanzglocken, Körbe, Windkreisel, geschnitzte oder bemalte Vögel oder andere kunsthandwerkliche Gegenstände passen besonders gut in einen Landgarten, ebenso Vogelscheuchen, Körbe und verwitterte alte Werkzeuge oder landwirtschaftliche Geräte. Windspiele sehen nicht nur dekorativ aus, ihr Geräusch klingt genauso faszinierend wie das beruhigende Plätschern von Wasser.

OBEN: *Serge Lesnés Metallstern ist ein gutes Beispiel für ein architektonisches Element als Gartenschmuck.*

RECHTS: *Zwei dieser chinesischen Elefanten im Gras markieren den Eingang zu Dulcey Mahars Garten.*

OBEN: Becky Talbott betont den Weg in ihrem Kräutergarten in Nashville durch eingelegte Fliesen mit Kräuter- und Wildblumenmalereien.

UNTEN: Der markante Blickfang der Happy-Valley-Kräuterfarm auf Vancouver Island ist ein alter Steinobelisk auf einem mit Thymian bewachsenen Sockel.

GANZ OBEN LINKS: Ryan Gaineys Garten verschönern gitterartige Fensterläden, ein dekorativer Blumenkasten und ein von Efeu umwachsenes Vogelhäuschen.

GANZ OBEN MITTE: Manche Sonnenuhren sind nur schlichte Metallplatten, andere, wie bei Andy Rocchia, hübsch verzierte Keramikarbeiten.

OBEN: Hinweistäfelchen aus Schiefer kennzeichnen die Kräuter in Sue Litts Garten.

RECHTS: In Kerdaloo in der Bretagne lenkt Fürst Wolkonsky den Blick von einer rosenumrankten Metallaube über einen Steinpfosten auf eine entzückende Grotte.

Auch Töpfe und andere bepflanzte Gefäße geben einen hübschen Gartenschmuck ab. Ob ein aufwendig glasierter Topf oder ein schlichter aus Ton, ein altes Faß oder ein lackierter Übertopf, eine anmutige alte Schale oder eine moderne Nachbildung – Gefäße gibt es aus den unterschiedlichsten Materialien und in den verschiedensten Größen. Kramen Sie auf Flohmärkten oder Speichern: heraus kommt dabei schließlich eine alte Holzkiste, ein mit duftenden Kräutern gefüllter, antiker emaillierter Eimer, eine Wanne, ein mit Moos ausgekleideter oder mit kleinen Töpfen bestückter Korb. Auch auf einen Pflanzenständer, einen alten Tisch, eine Werkbank oder sogar in eine nostalgische Schubkarre können Sie viele Töpfe stellen.

OBEN: An einer anderen Stelle im Garten haben die Rocchias eine hübsche Komposition in einem Wollziestbeet geschaffen. Elizabeth Rocchia formte die Vogeltränke aus einer speziellen Schnellzementmischung.

OBEN LINKS: Antike Schornsteinkappen wie die in Andy Rocchias Garten sehen dekorativ aus.

UNTEN: In einer anderen Ecke hockt ein Tonhase auf einem Terrakottasockel.

OBEN: Eine alte Dinnerglocke und ein Tabakkorb an der Scheunenwand verschönern Jackie Buteras Garten.

LINKS: Die Rosenkugeln der viktorianischen Gärten werden immer beliebter. Andy Rocchia setzte eine davon auf einen Keramiksockel.

Der „Garten ist mein Lehrmeister“, sagt Landschaftsarchitekt Timothy Vaughan. „Bei der Gartenarbeit lernt man Demut, weil man die Natur nicht zähmen kann.“ Gerade das macht diese Arbeit für den außergewöhnlich talentierten Mann, dessen Kreationen sich ständig verändern und nie statisch sind, so befriedigend.

Als Teenager fuhr Timothy nach Australien, wo ihn die Vegetation des Landes überwältigte; dort entdeckte er seine Liebe zu Pflanzen. Zurück in England, vervollkommnete er sein Handwerk in den englischen Gartenschulen in Wisley und Kew Gardens und zog später an die bretonische Küste. Dort eröffnete er mit seiner Frau Isabel, einer Malerin und begeisterten Gärtnerin, 1982 eine Gärtnerei und kaufte sich schließlich ein wunderschönes altes Steinhaus in der Nähe des Ärmelkanals, dessen Garten die beiden seitdem jede freie Minute widmen.

Strukturierte, auf lange Sicht geplante Gärten waren die Stärke der großen englischen Landschaftsarchitekten, und Timothy kann nur lächeln über die Ansicht, daß Gar-

LINKS: Warme Gelb- und Orangetöne von Ringelblumen, Lilien, Margeriten und Schafgarbe dominieren in diesem Gartenbereich.

RECHTS: Den Innenhof betritt man durch eine Holztür. Moos zwischen den Platten gibt dem Garten ein ehrwürdiges Aussehen.

Zeitgeist und Rückblick

RECHTS: Die Pflanzbehälter mit dem dreifarbigen Salbei und der Süßholzpflanze (Helichrysum petiolatum)*, dem fedrigen Blattwerk von Hundskamille* (Anthemis) *und den breiten Blättern einer Duftgeranie würden auch ohne Blüten schön aussehen.*

UNTEN: Ein Grasweg mit rautenförmig verlegtem Granitpflaster ist praktisch und dekorativ.

tenstruktur mittlerweile veraltet sei. Sein Garten entspricht dem Zeitgeist und der Gegend, in der er lebt, und doch zeigt er die Anbindung an historische Grundlagen.

„Der Entwurf dieses Gartens, der mit unglasierten Platten und Bäumen begrenzt ist, kann Hunderte von Jahren überdauern", behauptet er. „Er wird auch bei meinen Kindern noch schön sein, selbst wenn sie keine Blumen mögen."

Der Garten wurde während der Renovierung des Hauses geplant und bepflanzt und ist von innen gut zu überblicken; schließlich „ist der Garten die Fortsetzung des Hauses", sagt Timothy. Das abschüssige Grundstück mußte für Timothys Pläne mit einem Bulldozer bearbeitet und terrassiert werden. „Der Garten wurde nicht auf dem Papier geplant. Ich entwerfe direkt auf den Boden und markiere den Grundriß mit Bambusstecken und Kordel", erklärt er. Mittlerweile besteht die Anlage aus mehreren kleinen Gärten, die entlang einer Achse auf der terrassierten Böschung ausgerichtet sind.

Gruppen von Topfpflanzen sind für Timothy ein wichtiges gestalterisches Moment, und er arrangiert sie zu meisterhaften Stilleben mit atem-

RECHTS: Riesenbüschel kirschroter mehrjähriger Geranien säumen den Weg zum Haus. Überall im Garten herrscht eine üppige, aber bewußt eingesetzte Farbenpracht.

LINKS: Das Muster des Gartenpflasters wiederholt sich im Haus.

RECHTS: Überall im Garten wachsen Heiligenkraut und Rosmarin, aromatische immergrüne Blattpflanzen. Trockenheit und salzige Winde machen ihnen nichts aus, sie lassen sich in Form schneiden und treiben hübsche Blüten.

UNTEN: Im Hofgarten kontrastiert eine bronzefarbene Fenchelstaude hübsch mit den farbenfrohen Blumen.

beraubenden Farb- und Strukturkombinationen. „Man gibt einfach einer Laune nach und ändert sie dann im Lauf des Jahres wieder", sagt er. „Ihrer Phantasie und der Pflanzenvielfalt sind wirklich keine Grenzen gesetzt. Wenn Sie nur eine kleine Terrasse haben, legen Sie einen Kräutergarten in Töpfen an."

VORHERGEHENDE SEITEN: Im Hofgarten sprießen die Pflanzen durch das kreisförmig verlegte Pflaster, die Farbvielfalt steuern die Pflanzbehälter bei.

LINKS: Ein achteckiger Garten beim Haus mit einem Teppich aus blauen Schmucklilien, rosafarbenen Brachycomen und Ackerwinden, Grünpflanzen und grauer Aschenblume und mit gelben Fackellilien als farblicher Aufmunterung.

Der Topfgarten

Wer wenig Platz hat, muß seine Kräuter in Töpfen ziehen, die aber auch in einem großen Garten ihre Wirkung nicht verfehlen. Ein hübsches Gefäß lenkt die Blicke auf einen Teich oder einen besonders schönen Flecken am Weg. Mehrere Töpfe lassen sich zu einem „Bouquet“ auf der Terrasse gruppieren, recht einladend wirken auch Gefäße, die man auf den Stufen aufgereiht hat. Stellen Sie einen Topf mit blühenden Blumen in eine Ecke, in der verblühte Stauden stehen, oder setzen Sie etwas Extravagantes wie beispielsweise eine Formschnittpflanze hinein, die besondere Pflege braucht oder im Winter ins Haus kommt.

Man muß nur ein paar einfache Regeln beachten. Nehmen Sie ein Gefäß, das den Pflanzenwurzeln genug Raum zum Wachsen läßt. Die Pflanze braucht zudem eine gute Dränage. Bohren Sie nötigenfalls noch

OBEN UND UNTEN: In Jenkyn Place in Hampshire, England, dienen ein wuchtiger alter Ölkrug aus Terrakotta und ein Bleikubus als Pflanzbehälter. Blei ist wie Zement praktisch unverwüstlich, aber eben auch sehr schwer. Alternativ bieten sich Modelle aus Fiberglas an.

RECHTS OBEN: In meinem Garten stehen Töpfe mit mexikanischem Salbei in einem alten Leiterwagen.

RECHTS: Im Garten hinter dem Laden des Blumendesigners Carl Vandermoere im belgischen Brügge stehen vorwiegend Topfpflanzen.

OBEN: Buchsbaumkugeln in konischen Terrakottatöpfen machen sich gut auf den Treppenstufen.

RECHTS: In Old Salem in North Carolina hat man einen alten, in einen Steinbelag integrierten Mühlstein mit Minze bepflanzt.

UNTEN: Im Bourton House in Gloucestershire stehen unbenutzte, ordentlich aufgestapelte Tontöpfe zur Zierde da. Wurzeln können in Terrakottatöpfen frei atmen, doch das Wasser verdunstet darin schnell, so daß man häufiger gießen muß.

GANZ OBEN: Marge Haller zieht einen Minigarten mit Duftgeranien, Thymian und Salbei in einem robusten Holzkasten.

OBEN: An einer anderen Stelle ihres Gartens in Ohio hat sie verschiedene Duftgeranien auf einem Pflanzenständer gruppiert.

RECHTS: In Pound Hill House blüht Katzenminze auf einer Steinmauer. Die meisten Pflanzen wachsen auch in Behältern, wenn die Wurzeln genügend Platz und Dränage haben und ausreichend mit Nährstoffen versorgt werden.

mehr Löcher in den Boden. Besonders große oder dichte Behälter füllen Sie zu einem Drittel mit Perlite oder Plastikgranulat, geben etwas pulverisierte Holzkohle dazu, damit der Boden nicht übersäuert, und bedekken das Ganze mit einem Stück feinem Trennvlies. Darauf kommt dann befeuchtete, handelsübliche Blumentopferde beziehungsweise eine Mischung aus je einem Drittel Perlite oder Bausand, Ackerkrume und Torfmoos. Normale Gartenerde ist für Containerpflanzen zu schwer.

Die größten Pflanzen kommen in die Mitte, Kriech- oder Hängepflanzen an den Rand des Gefäßes. Füllen Sie um die Pflanzen Erde auf, und gießen Sie sie vorsichtig an. Etwa alle zwei Wochen muß man mit einer 50prozentigen Lösung aus organischem Dünger, zum Beispiel Fischemulsion, nachhelfen. Bei großer Hitze trocknet die Erde schnell aus.

LINKS OBEN: Stiefmütterchen und herabwallender Efeu ergänzen sich wunderbar in diesem anmutigen Pflanzenarrangement.

LINKS: Zitronengeranie blüht in einem Terrakottatopf auf der Terrasse bei Timothy Vaughans Haus.

GANZ OBEN: In diesem Garten in Ohio gedeiht Rosmarin in einem halbierten alten Faß.

OBEN: Die farbenfrohen Hibiskusbäumchen in Terrakottatöpfen auf Bernard Perris' Terrasse in der Provence lassen sich leicht umstellen.

LINKS: Audrey Julian verwandelt eine alte Coca-Cola-Kiste auf einem Baumstumpf in einen Miniaturgarten mit Salbei, Schnittlauch und Thymian. Margeriten bringen ein bißchen Farbe in das Ganze.

RECHTS: Duftende oder geruchlose Geranien sind hübsche Topfpflanzen für drinnen und draußen.

UNTEN: Stiefmütterchen in einem alten Pferdetrog.

Gießen Sie die Pflanzen dann ein- bis zweimal pro Tag. Mengen Sie bei Pflanzen, die an einem sehr heißen, windigen Platz stehen, etwas wasserspeicherndes Polymergranulat in den Boden.

Fast jede Kräuterpflanze läßt sich im Topf ziehen, problematisch sind allerdings Engelwurz, Dill und Fenchel mit ihren langen Pfahlwurzeln. Auch wuchernde Minze mit ihrem üppigen Wurzelwerk ist nicht leicht im Zaum zu halten. Am besten setzen Sie sie in einem Topf ohne Boden in den Behälter.

Denken Sie bei der Gestaltung Ihres Gefäßes an harmonisierende Farben und kontrastierende Blattstrukturen, oder beschränken Sie sich auf eine Kräuterart. Legen Sie beispielsweise einen französischen Küchengarten mit großem Sauerampfer, Kerbel, Thymian, Winterbohnenkraut, Schnittlauch und Majoran an, und wenn das Gefäß groß genug ist, setzen Sie ein Buchsbäumchen in die Mitte. Gestalten Sie einen Topfgarten aus Lavendel, Zitronenstrauch, Duftgeranien, Heiligenkraut und Rosmarin, oder bepflanzen Sie einen ganzen Topf mit Stiefmütterchen oder Mohnblumen.

RECHTS: Das Süßholz und die Geranien in diesem Zementbehälter auf der Folly Farm in Berkshire, England, passen gut zusammen.

Vor 15 Jahren reiste Oris Hippensteel von Indiana nach Williamsburg, Virginia, und war von den Kräuterkränzen, die sie dort sah, begeistert. Etliche Jahre später kaufte sie unser erstes Buch „Kräuter – Gärten, Küche, Dekors" und las es an den Winterabenden. „Nach der Lektüre dieses Buchs fing ich an, selbst Kräuter anzubauen", sagt sie. Etwa um dieselbe Zeit wollte ein Nachbar eine alte Sommerküche abreißen, auf die Oris schon seit langem ein Auge geworfen hatte. Sie überredete ihn, ihr das kleine Gebäude zusammen mit einem halben Hektar Land zu verkaufen. Das Geschäft kam per Handschlag und für den Preis von 25 Cents zustande.

Sie hatte nur vor, die Hütte als Arbeitsraum zu nutzen, wo sie Kränze und andere Kräuterdekorationen herstellen konnte.

Die Nachbarn aber waren so fasziniert von der Renovierung und dem Garten, daß sie richtig strahlte vor Besitzerstolz, während sie ihre Kräuterpflanzen und -dekorationen verkaufte.

Im Garten zeigt Oris ihren recht eigenwilligen Zugang zu Kräutern. „Den Durchschnittsmenschen langweilt ein allzu gepflegtes Aussehen",

LINKS: Durch die Lage des Hauses auf einer Moräne, die gute Dränage und den nährstoffhaltigen Untergrund der ehemaligen Pferdeweide brauchte der Gartenboden nur sehr wenig bearbeitet zu werden.

RECHTS: Die Vogelscheuche von Sohn Kerry steht inmitten von Büscheln mit Schwarzäugiger Susanne.

Besitzerstolz für 25 Cents

OBEN: Auf den Rat eines Freundes hin wartete Oris sechs Monate, bevor sie die Wege anlegte, und überließ es den Besuchern, intuitiv die naheliegendsten Routen durch die Kräuter- und Blumenwildnis zu finden.

RECHTS: Für Wasserpflanzen wurde in der Nähe des Hauses ein Teich mit einer kleinen Brücke angelegt. Durch die Gartenanlage werden Unterschiede in Struktur und Farbe hervorgehoben. Duftgeranien wachsen neben zartem, graublättrigem Lavendel aus Frankreich und breite, samtige Wollziestpflanzen neben dem winzigen, glattblättrigen Thymian.

sagt sie. Gartenneulinge warnt sie davor, zuviele Pflanzen zu kaufen. „Man fängt besser mit fünf oder zehn an", rät sie, „und informiert sich soviel wie möglich über sie. Man sollte auch nur Dinge anbauen, die Spaß machen, wie zum Beispiel Frauenmantel. Das gefältete Blatt ist etwas ganz Besonderes, und es sieht so schön aus mit dem kleinen Tautropfen am Morgen."

Manchmal entpuppen sich Pflanzen, die im Garten von Freunden oder in einer Gärtnerei gut gedeihen, als Problemfall. „Meine erste Schwarznessel bekam ich von einem Freund, bei dem sie in Connecticut in der Einfahrt wuchs. Schon da hätte ich merken müssen, wie schädlich sie war", sagt sie. Als sie sich erst einmal im Garten ausgebreitet hatte, war sie nur schwer wieder herauszubekommen. „Auch Beifuß nimmt so überhand", bemerkt sie. „Am Schluß mußte ich die Gartenerde durchsieben, um all die Ausläufer auszumerzen." Diese Pflanzen sollte man da setzen, wo sie sich wild ausbreiten können, oder man muß die Wurzeln beschneiden.

„Gartenarbeit ist die beste Therapie", sagt Oris, wenngleich etwas anspruchsvoll. „Ich arbeite gern zwischen den Kräutern und zupfe Unkraut. Und wenn draußen Schnee fällt, schaue ich mir meine Trockenkränze und Bouquets an. Mit ihnen genieße ich die Freuden des Gartens das ganze Jahr über."

Wasser im Garten

Gleich, was es ist, ein kleiner Bach, der sich durch einen Landgarten schlängelt, das Plätschern eines Springbrunnens in einer formalen Anlage oder nur ein kleines Vogelbecken in einem Meer aus Lavendel – Wasser wirkt immer beruhigend und entspannend, und es bringt

OBEN: Jane Rivkins dekorative Vogeltränke wird von Katzenminze und Lavendel beinahe verdeckt.

UNTEN: In Ohio plazierte Mary Flegle einen alten Steintrog zwischen ihre Kräuter und füllte ihn mit Wasser.

OBEN: Carol Meyer findet Wollziest und Thymian gut als Felspflanzen rund um ihren Teich.

LINKS: Marnie Diltz schuf aus Steinen einen runden Teich mit Kräutergarten.

glitzernde Freude in den Garten. Bei heißem Wetter wirkt schon der kleinste Teich erfrischend.

Wasser paßt in jeden Garten, sollte aber mit der Anlage harmonieren. Wenn auf dem Grundstück ein Bach fließt, braucht man nur an seinen Rändern Wasserkresse, Sumpfdotterblumen und andere wasserliebende Pflanzen zu setzen. Ansonsten legt man vielleicht einen kleinen Teich an. Der tiefste Punkt des Geländes ist die beste Stelle dafür, da das Wasser von selbst dorthin fließt. Heben Sie die Grube für Ihren Teich aus, und bedecken Sie den Boden mit einer Sandschicht. Dann lassen Sie entweder ein Plastikbecken ein – bei den meisten Gartencentern erhältlich –, oder Sie kleiden die Fläche mit einer festen Plastikplane aus, deren Ränder Sie beschweren. Legen Sie Steine drum herum und bepflanzen das Ufer.

Zu einem strukturierten Garten paßt ein reflektierendes Becken oder ein geometrischer Lilienteich, am besten aus Spritzbeton gefertigt. Wahr-

OBEN: Linda Barksdales Garten im Nordwesten hat eine günstige Uferlage.

LINKS: Wallace Huntington schuf ein Wasserspiel in seinem Garten in Oregon, indem er ein maßgefertigtes flaches Metalltablett auf einem alten Brunnen befestigte.

RECHTS: Jean Mus leitete Wasser über umgedrehte Dachziegel in ein Becken aus provenzalischem Stein.

UNTEN LINKS: Sein Brunnen in der Provence ist geschickt aus einer Steinmauer und einem alten steinernen Becken gebaut.

UNTEN: Kapuzinerkresse und Mohn wachsen in den Felsbrocken rund um Carol Meyers Teich im Nordwesten.

scheinlich müssen Sie ihn von einem Fachmann herstellen lassen. Der Teich muß bei der allgemeinen Gartenplanung mit berücksichtigt werden, damit er zu den Hecken, dem Steinpflaster, den Rabatten oder den Pflanzbehältern paßt.

In einem sehr kleinen Garten tut es auch ein aufgeschnittenes Faß, ein alter Waschzuber, ein Trog oder ein riesiger Übertopf – alles muß natürlich wasserdicht sein. Versehen Sie einen solchen Miniaturteich mit einer Umlaufpumpe, setzen Sie ein paar Fische und Wasserpflan-

LINKS: Im Charlton Park in Wiltshire, verleihen großzügige Frauenmantel-, Rosen- und Spornblumenpflanzen dem formalen Teich sanftere Konturen.

UNTEN: In Kathy Collins' Kräutergarten am Rand ihrer Weinberge im Napa Valley sorgt das kleine Betonbecken mit einem Springbrunnen aus blauer Keramik für Erfrischung.

OBEN: Das hübsche Zementbecken in Bourton House, ein Geschenk der Königin Mary an einen früheren Besitzer, ist der Mittelpunkt eines formalen Parterres.

UNTEN: Wasserlilien treiben auf dem Teich in dem umfriedeten weißen Garten in Jenkyn Place, England.

GANZ UNTEN: Ein Springbrunnen aus einer alten Steinsäule plätschert fröhlich im Kräutergarten auf der Garden Valley Ranch in Kalifornien.

LINKS: In Hascombe Court in Surrey wird die attraktive Form des formalen Teichs durch vier markant gestutzte Eiben akzentuiert.

LINKS UNTEN: Eine niedrige Hecke trennt Terrasse und Teich hinter Susan Ryleys Zuhause in Vancouver vom restlichen Garten. Topfpflanzen runden die Ränder ab.

UNTEN: Eine Lavendelinsel erhebt sich aus dem mit Rosen eingefaßten Teich auf der Folly Farm in England.

GANZ UNTEN: Ein eleganter Kranich und gelbes Laubwerk bestimmen die Teichszenerie auf der Brooke Lodge Farm in Surrey.

zen ein, und stellen Sie ihn auf die Terrasse oder zwischen die Gartenpflanzen. Auch ein Springbrunnen braucht nicht viel Platz. Die Möglichkeiten reichen von einem kunstvollen Zementbecken mit mehreren Stufen bis zu einem einfachen ausgehöhlten Schiefer- oder Granitfelsen, durch den das Wasser an die Oberfläche sprudelt. Da alle diese Wasserspiele mit den überall erhältlichen Umlaufpumpen betrieben werden, verschwendet man auch kein Wasser.

Eine Vogeltränke ist eines der einfachsten Wasserbecken für den Garten, und die Vögel haben ebenfalls ihre Freude daran. Allerdings muß man es ständig auffüllen. Sie können mit irgendeinem Gefäß improvisieren, das flach und seicht genug für die Vögel ist, damit sie leicht ans Wasser gelangen.

Künstlervision
in der Provence

„Ein Haus ohne Garten ist wie eine Frau ohne Kleider", sagt Dominique Lafourcade, Designerin bei einer führenden französischen Porzellanmanufaktur. In den vergangenen fünf Jahren brachte sie viel Zeit mit dem „Einkleiden" ihres renovierten Bauernhauses und anderer wunderschöner Häuser in der Provence zu, die ihr Mann Bruno, ein Architekt, restauriert hat.

Die umweltfreundlich denkende Dominique ist der Ansicht, daß man „den Garten mit Bewußtsein anlegen soll. Pflanzen Sie in wasserarmen Gebieten nie Gewächse, die viel Wasser brauchen, und achten Sie auf das Klima und die Winde", fordert sie auf. Aus diesem Grund beschränkt sie sich auf provenzalische Pflanzen wie Lorbeer, Zypresse, Lavendel, Salbei, Thymian, Rosmarin und Wollziest.

Der Garten der Lafourcades ist ein wunderbares Beispiel für Dominiques exakte Planung. Ihre Ideen holt sie sich aus anderen Gärten und Gartenbüchern. „Anschauen ist die beste Gärtnerschule", ist ihre

LINKS: Der alte Schafunterstand vor dem Haus, der die Sicht behinderte, wurde abgerissen und dann durch ein Wasserbecken ersetzt, das den Kanal speist. Die dekorativen Steinkugeln stammen von einem Steinschneider aus dem Dorf.

RECHTS: Ordentlich getrimmter Buchsbaum in traditionellen glasierten Töpfen aus Anduze säumt die Terrasse vor dem Haus.

LINKS: Lavendelbeete und Zypressen wachsen zu beiden Seiten des Kanals.

FOLGENDE SEITEN: Der Kräutergarten basiert auf einem Rautenmuster; Einzelbeete sind mit Buchs gesäumt. Der kugelförmige Buchsbaum nimmt die Form der Terrakottakugel in der Mitte wieder auf; Säulen aus gestutzter Zypresse markieren den Eingang.

feste Überzeugung. Sie macht oft mehrere Pläne für ein und denselben Garten und sucht dann den besten aus. „Der erste Schritt ist die Struktur, die Mauern", sagt sie. „Man muß überlegen, wie der Garten vom Haus aus wirkt und wie man Unschönes verbirgt." Sie betrachtet den Garten als Fortsetzung des Hauses mit einer architektonischen Perspektive. In der Anlage ihres Gartens wechseln offene und geschlossene Räume miteinander ab. Einige Bereiche sind vom Haus aus nicht einzusehen.

Inspiriert durch italienische Gärten, wo „Klima und Vegetation ähnlich wie in der Provence sind", bezieht sie das Wasserelement in den Garten mit ein. Der lange Kanal, der vom Becken vor ihrem Haus zu einer Pumpe am anderen Ende führt, verlängert die Perspektive, soll aber auch an die alten Bewässerungskanäle erinnern.

Die Gehwege an den Außenrändern des Gartens nehmen die lange Linie des Kanals wieder auf. Der Pfad auf der linken Seite beginnt bei dem kleinen „blauen" Garten, so genannt wegen seiner blauen Tür und den blau-grünen Blättern. Daran schließt sich ein kleiner, umfriedeter Garten an, den Wege aus von Dominique sorgfältig ausgesuchtem Steinpflaster begrenzen. Sein Entwurf entspricht der Gesamtplanung in kleinerem Maßstab; die Bank hier ist einer ihrer Lieblingsplätze, an dem sie sich am Ende des Tages aufhält. Vom Kräutergarten führt der Pfad durch eine pflanzenbedeckte Laube zu einem verborgenen „grünen Zimmer", das auf der gegenüberliegenden Seite seine Entsprechung findet. Vom

LINKS: Im blauen Garten quellen Kissen aus Wollziest und Heiligenkraut über den Weg. Die wohltuende Wirkung der vielen Grüntöne und unterschiedlichen Formen und Größen ist das Ergebnis sorgfältiger Planung.

RECHTS: Eine mit Glyzinen überwachsene Laube zieht sich an dieser und der gegenüberliegenden Seite des Gartens von den Kräuterbeeten zum grünen Zimmer hin.

grünen Zimmer am äußeren Ende führt eine weitere bewachsene Laube zum Haus und zu einem Rosenparterre zurück.

Obwohl das Grün im Garten vorherrscht – abgesehen von den Blüten des russischen Salbeis und des Lavendels –, variieren die Schattierungen vom Dunkelgrün der Zypressen zum Silbergrau der Olivenbäume und Kräuter, so daß das Auge nie ermüdet. Kontrastierende Formen wie hochaufragende Zypressen und Lavendelkissen verstärken den optischen Eindruck. „Das war einmal ein ganz schlichtes Bauernhaus", sagt Dominique, „aber der Garten hat es veredelt."

OBEN: Der Kanal ist auf beiden Seiten mit Unmengen von Wollziest bepflanzt und sieht damit wie ein wilder Sumpf aus, während die angrenzenden Quadrate mit Lavendel und russischem Salbei, Olivenbäume in Töpfen und Zypressenreihen an die umliegende Landschaft erinnern.

LINKS: Das Tor zum Gartenschuppen.

RECHTS: Am Ende des Gartens gibt ein Rosengarten mit exakt zugeschnittenen Hecken der Laube Halt.

Garten-pläne

Bei einem traditionellen Garten mit seiner symmetrischen Aufteilung der geometrischen Flächen, bei einer frei gestalteten Anlage mit Platz für die persönliche Note wie auch beim Aufbau eines bereits vorhandenen Gartens ist ein ordentlicher Plan erst einmal das Wichtigste. Zeichnen Sie als erstes die Maße des Gartens auf Millimeterpapier. Dann teilen Sie die Innenfläche auf; die Anordnung kann aus vier einfachen Quadraten oder einem komplexen verschlungenen Knoten bestehen. Obwohl sich mit geraden Linien am leichtesten arbeiten läßt, ist eine Mischung aus geraden und geschwungenen Linien oft interessanter.

Nachdem der Entwurf maßstabsgetreu auf Millimeterpapier gezeichnet – oder per Computer erstellt – wurde, übertragen Sie ihn auf das vorgesehene Stück Land. Beginnen Sie in einer Ecke des Gartens, und messen Sie sorgfältig; stecken Sie Pfosten oder Pflanzenstützen an die künftigen Ecken jedes einzelnen Bereiches. Verbinden Sie dann die entsprechenden Pfosten mit Schnur zur Markierung der Beetaußenränder. Wenn im Plan ein Kreis oder Kreisbogen vorgesehen ist, rammen Sie einen Pfosten in die Kreismitte und befestigen daran ein Stück Schnur von der Länge des Kreisradius. Mit Hilfe der Schnur und eines Stücks Kreide oder einer Spraydose beschreiben Sie einen Kreis um den Pfosten. Wenn der Garten vollständig übertragen ist, entfernen Sie alle Grassoden, und bereiten Sie den Boden gut vor. Da viele Kräuter mehrjährig sind, ist es besonders wichtig, mit lockerem, nährstoffreichem Boden zu beginnen.

Hier ein paar Pläne zur Anregung. Einige orientieren sich in ungefähr an Gärten aus diesem Buch, andere an klassischen Gartenentwürfen oder Dekorationsmotiven. Passen Sie sie an die Ihnen zur Verfügung stehende Gartenfläche an, und bepflanzen Sie sie – formal oder frei – nach Ihrem persönlichen Geschmack und Ihren Vorstellungen.

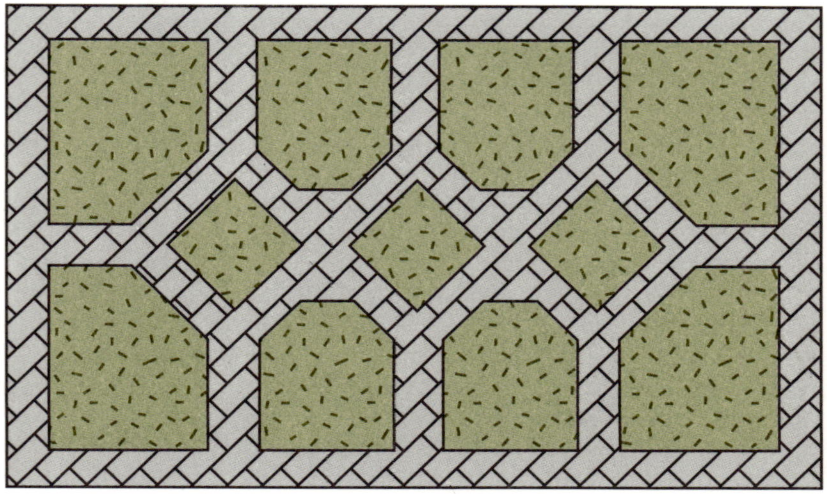

Dieser Plan wurde Ryan Gaineys bezauberndem Potager entlehnt, in dem die Beete mit Kapuzinerkresse, Petersilie und Thymian eingefaßt sind. Er würde sich auch für Kräuter und Blumen eignen. Mit Buchsbaum- oder Edelgamanderhecken statt mit Kräutern eingefaßt, sähe er strenger aus. Den ganzen Garten mit einer Mauer, einem Zaun oder einer Hecke zu umfrieden, ergäbe sogar ein noch eindrucksvolleres Bild.

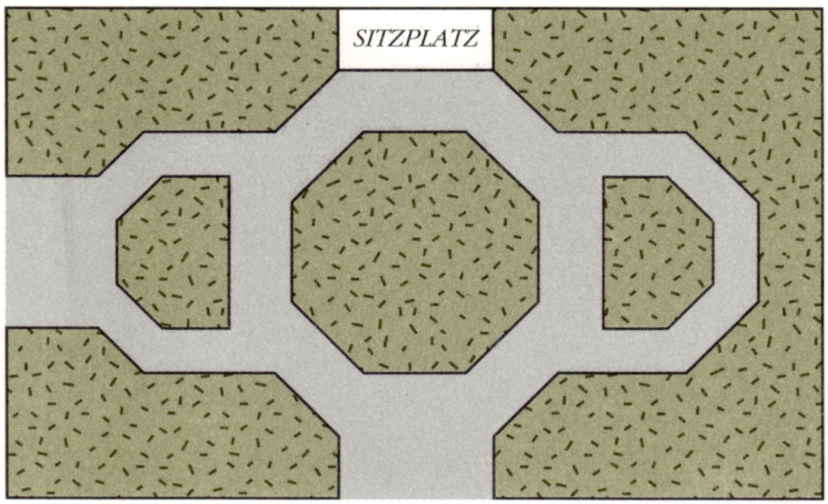

Dies ist ein ziemlich formaler Entwurf eines Gartens, der sich mit einer hohen Hecke einfrieden ließe, während die Beete ordentlich mit niedrigen Kräuterhecken oder Ziegeln eingefaßt würden. Den Sitzplatz könnte man unter einer rosenüberwachsenen Laube anlegen; Lauben oder Gatter könnten auch die beiden Eingänge markieren.

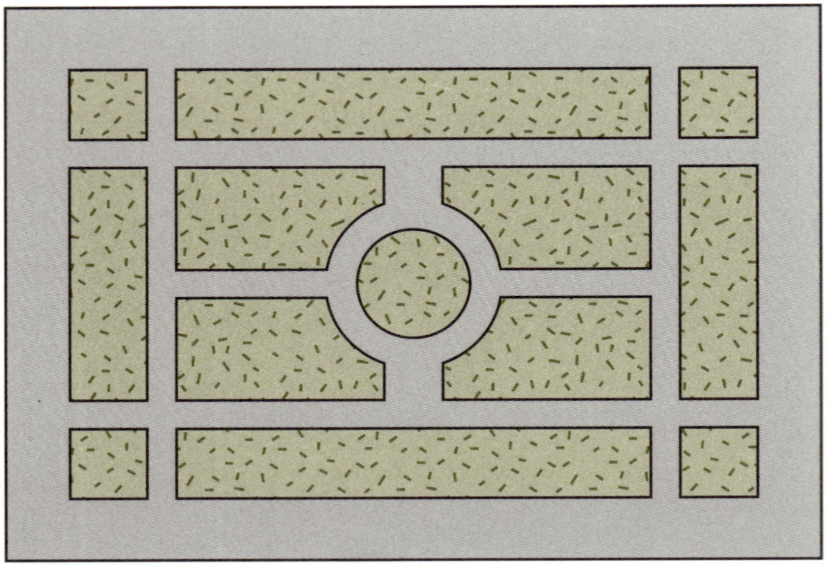

Die Inspiration für diesen Gartenplan geht von einem Garten in Westbury Court in Gloucestershire, England, aus. Die Maße könnte man abändern und ein Quadrat daraus machen oder das Muster in einem größeren Garten wiederholen. Für einen sehr formalen Garten pflanzen Sie an jeder Ecke Hochstammbäumchen.

Der sehr präzise geometrische Plan eignet sich für eine gleichermaßen genaue Bepflanzung, zum Beispiel als Potager oder traditioneller Kräutergarten. Eine Kräuterhecke wäre eine hübsche Rundumeinfassung.

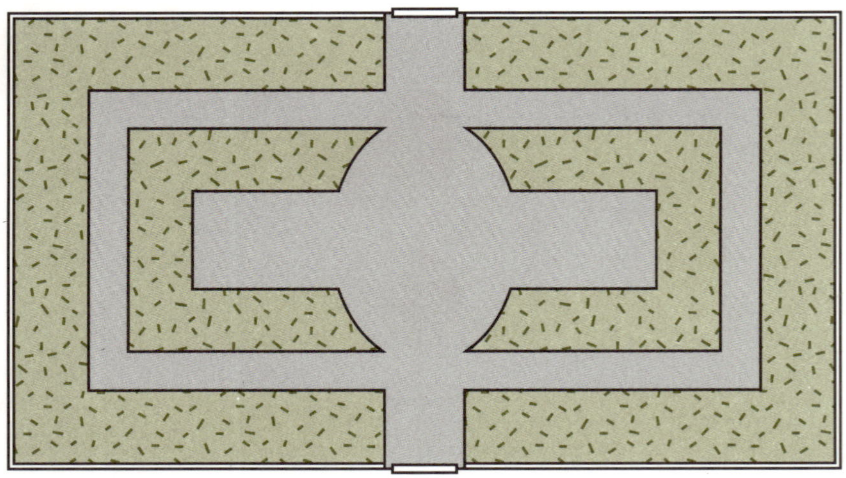

Dieser Entwurf, der sich an Jeanne Marstons Anlage in Pennsylvania orientiert, eignet sich gut für einen großen, freistehenden Garten. Die beiden Bereiche könnte man bei einer kleinen Fläche verkürzen. Die Beete sind leicht zugänglich, und auf der ovalen Fläche in der Mitte könnte man noch mehr Pflanzen setzen und/oder ein schmückendes Element wie eine Sonnenuhr aufstellen. Der ganze Garten würde am besten mit einem Zaun und Lauben an jedem Eingang wirken.

RECHTS: Die Idee zu diesem Gartenentwurf geht auf den wunderschönen Potager im französischen Villandry zurück. Sie können einen Abschnitt gesondert benutzen oder vier Bereiche zu einer eher quadratischen Anlage zusammenfassen. Säumen Sie jeden Bereich mit einer Kräutersorte, oder benutzen Sie erhöhte Beete, um den Grundriß hervorzuheben. Bei diesem Entwurf könnte der Kreis einen kleinen Teich, eine Vogeltränke oder eine von Kräutern umgebene Sonnenuhr darstellen.

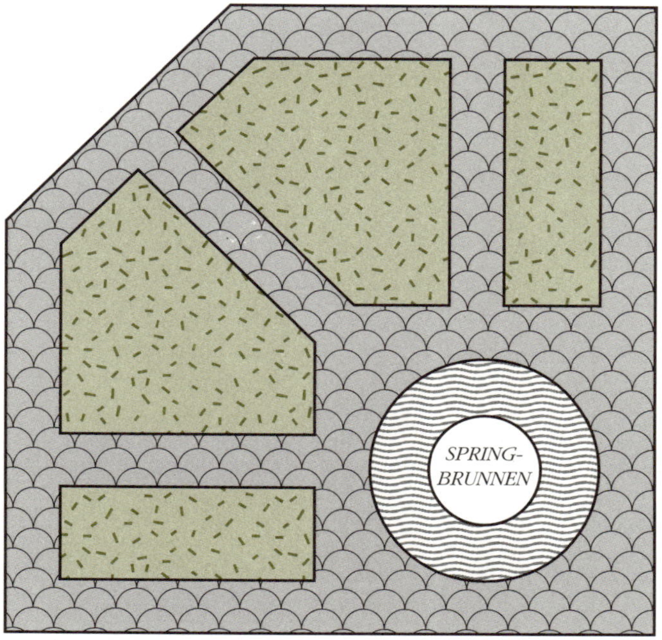

Dieser Plan ist an Kathy Collins' Kräutergarten im Napa Valley angelehnt. In der Mitte des kreisrunden Teichs liegt ein kleiner Springbrunnen, der sich aber auch durch eine Sonnenuhr oder eine von Kräutern umgebene Vogeltränke ersetzen ließe.

Dieser Entwurf eines Knotengartens stammt von Elaine Kheenes Garten im Nordwesten. Das Außenquadrat, die Außenlinien der „Blütenblätter" und der Kreis sollten mit verschiedenen Kräutern bepflanzt werden, zum Beispiel Heiligenkraut, Buchsbaum, Ysop oder Rosmarin, wobei der Kontrast der Farben und Blätter das Muster hervorhebt. Ordnen Sie an den Schnittpunkten der „Blütenblätter" die Pflanzen so an, als ob sie ineinander verschlungen wären.

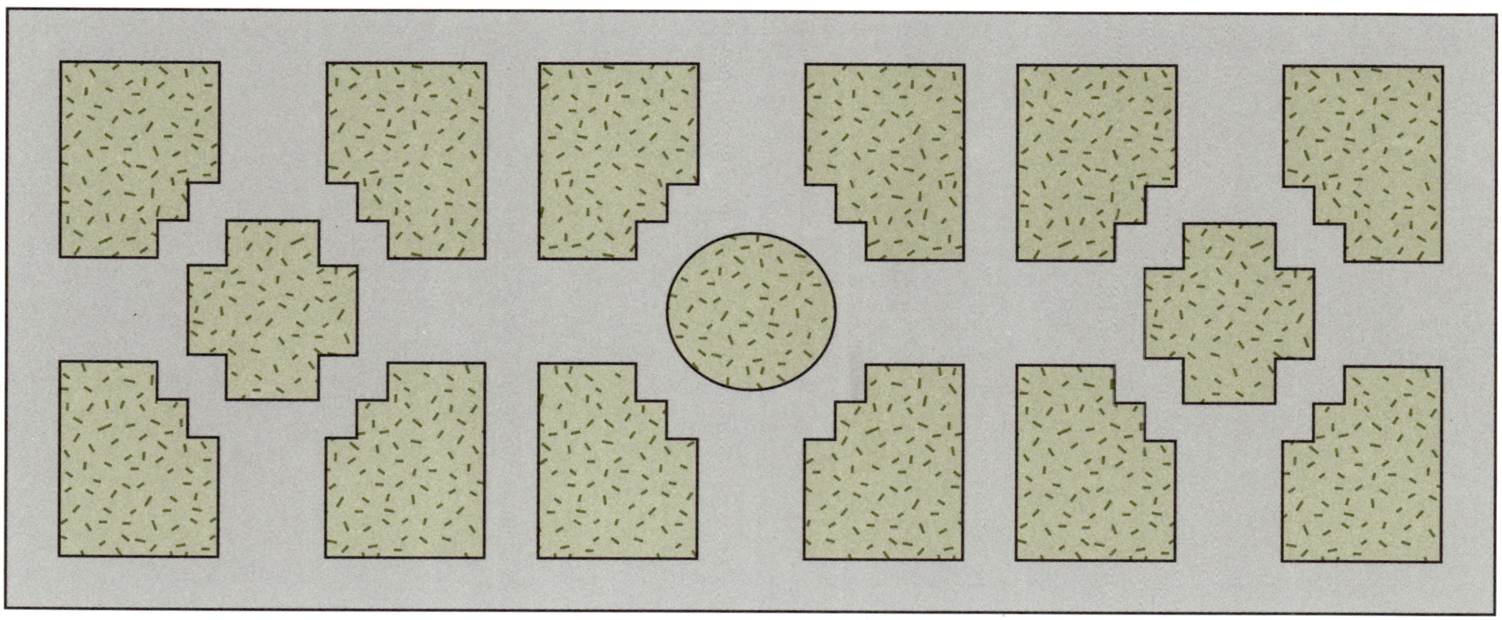

Liste bekannter Kräuter

In der folgenden Tabelle sind über 75 der bekanntesten Kräuter angeführt und ihre Wachstumsbedingungen aufgeschlüsselt. Daneben geben wir Ihnen Hinweise, wie die Pflanzen innerhalb und außerhalb des Gartens zu verwenden sind. Wenn Ihr Garten den Ansprüchen Ihrer Lieblingspflanze nicht ganz genügt, brauchen Sie nicht gleich zu verzweifeln: in vielen Gärten gibt es Fleckchen, an denen es besonders warm oder kühl ist und die gerade deshalb möglicherweise für dieses spezielle Gewächs geeignet sind.

Denken Sie daran, daß sich eine Pflanze, die sich in kühlerem Klima unter direkter Sonneneinstrahlung wohlfühlt, in heißeren Gefilden an schattigeren Standorten besser hält. Nur wenn Sie in Ihrem Garten experimentieren, können Sie die günstigsten Wachstumsbedingungen herausfinden. Ein und dieselbe Pflanze kümmert eventuell an einer Stelle vor sich hin, dreißig Meter weiter aber gedeiht sie wie Unkraut. Verwenden Sie diese Tabelle als Anleitung dafür, welche Pflanzen in Ihrer Gegend gut wachsen, und erweitern Sie dann Ihr Wissen durch Besuche von Gärtnereien und anderen Gärten in Ihrer Nähe.

S = Sonne; HS = Halbschatten; Sch = Schatten;
m = mehrjährige Staude; e = einjährige Pflanze; z = zweijährige Pflanze

Name	Standort	Typ	Höhe (cm)	Boden	Vermehrung	Verwendung	Bemerkungen
Alant *(Inula Helenium)*	Sch/HS	m	120-180	feucht, durchlässig, schwer	Samen, Teilung	Medizin, Liköre	Gelbe, margeritenähnliche Blüten auf hohen Stengeln mit großen, behaarten Blättern. Blüht fast den ganzen Sommer über.
Alpenlein *(Linum perenne)*	S	m	40-45	durchlässig	Samen	Zierpflanze	Blaßblaue Blüten auf dünnen, schwankenden Stengeln. Aus der einjährigen Version *(L. usitatissimum)*, die auch blaue Blüten hat, werden Leinenfasern und Leinöl gewonnen.
Amstelraute *(Thalictrum aquilegifolium)*	S/HS	m	90-180	leicht, feucht, durchlässig	Samen, Teilung	Medizin, Färben, Zierpflanze	Quasten mit purpurfarbenen Staubgefäßen tanzen auf Stengeln mit blaugrünen, akeleiähnlichen Blättern.
Andorn *(Marrubium vulgare)*	S	m	60	sandig, durchlässig	Samen, Teilung	Medizin, Dekoration	Graugrüne Blätter und kleine, weiße Blütenähren. Gehört zur Familie der Minzen.
Anis *(Pimpinella Anisum)*	S	e	60	locker, trocken, durchlässig	Samen, Selbstaussaat	Küche, Medizin, Kosmetik	Kleine, cremeweiße Blütendolden; fedrige Blätter. Samen schmecken stark nach Lakritze.
Anisysop *(Agastache foeniculum)*	S/HS	m	100	durchlässig, mittelfett, sandige Lehmerde	Samen, Ableger, Wurzelteilung, Selbstaussaat	Küche, Potpourris	Langblühende purpurfarbene Ähren; sieht in Gruppen in der Rabatte gut aus. Lockt Bienen und Schmetterlinge an. Schmeckt nach Minze und Anis.
Basilikum *(Ocimum basilicum)*	S	e	60-90	fett, feucht, durchlässig	Samen	Küche, Duft	Das traditionelle Küchenkraut. Andere Sorten reichen von kleinen Büscheln winziger grüner Blätter für Einfassungen bis zu größeren gekräuselten Sorten. Aroma von Zimt bis Zitrone. Sorten mit grünen und roten Blättern. Küchengarten.
Beifuß *(Artemisia vulgaris)*	S	m	90-180	durchschnittlich	Teilung	Dekoration, Mottenmittel, Medizin	Tief eingeschnittene grüne Blätter mit silbriger Unterseite; unauffällige Blüten. Wuchert.
Beinwell *(Symphytum officinale)*	S/HS	m	90-150	feucht, fett	Teilung	Kosmetik, Medizin.	Hübsche rosafarbene Blütensträußchen; Kann gefährlich sein. große, dunkelgrüne Blätter.
Borretsch *(Borago officinalis)*	S	e	90	leicht, trocken bis normal	Samen, Selbstaussaat	Küche	Wunderschöne leuchtendblaue, eßbare Blüten; breite, rauhe, gräuliche Blätter. Knickt leicht um.

Name	Standort	Typ	Höhe (cm)	Boden	Vermehrung	Verwendung	Bemerkungen
Buchsbaum *(Buxus sempervirens)*	S/HS	m	60-300	reich, humushaltig, feucht	Ableger	Dekoration	Immergrüner Strauch mit glänzenden, hellgrünen Blättern. Zwergsorte für Einfassungen und Knotengärten. Gut für Formschnitt geeignet. *B. microphylla* var. *koreana* gedeiht in kalten Gegenden besser.
Chinesische Päonie *(Paeonia lactiflora)*	S	m	90-180	fett, lehmige Erde, durchlässig	Teilung	Medizin, Zierpflanze	Grundbestandteil der chinesischen Medizin. Kugelförmige Blüten mit vielen Blütenblättern gibt es in Farbschattierungen von Weiß, Rosa und Rot und mit einfachen und gefüllten Blüten. Feiner Duft.
Chinesischer Schnittlauch *(Allium tuberosum)*	S	m	60	feucht, gut durchlässig, durchschnittlich	Samen, Teilung, Selbstaussaat	Küche, getrocknete Blüten in Dekorationen	Vorne in die Rabatte setzen. Weiße Blüten.
Currypflanze *(Helichrysum angustifolium)*	S	m	30-40	durchschnittlich, trocken	Samen	Dekoration	Kleine gelbe Blüten über schmalen, grauen Blättern. Riecht wie Curry, wird aber nicht in der Küche verwendet. Blüten zum Trocknen gut geeignet. Wie eine Einjährige behandeln.
Dill *(Anethum graveolens)*	S	e	90-120	gut, feucht	Samen, Selbstaussaat	Küche, Blumengestecke	Große, gelbe Blütendolden; fedrige Blätter. Wird wegen der Samen und des Krauts angebaut.
Dost *(Origanum vulgare)*	S	m	60	leicht, durchlässig Teilung	Samen, Ableger, Küche, Färben	Medizin, Dekoration,	Büschel mit flaumigen, dunkelgrünen Blättern; kleine Dolden rosa-purpurner Blüten. Breitet sich aus. Gut zum Trocknen geeignet. Eine goldene Version gibt es auch. Griechischer Dost hat ein intensiveres Aroma.
Duftpelargonie *(Pelargonium)*	S/HS	m	30-60	durchlässig	Ableger	Küche, Medizin, Kosmetik, Duft, Zierpflanze	Wird als einjährige oder als Topfpflanze gezogen, außer in sehr warmen Gegenden. Rosenpelargonie ist die bekannteste, aber es gibt viele andere mit unterschiedlichen Blattformen, Blattstrukturen und Düften, die an Früchte und Gewürze erinnern.
Duftveilchen *(Viola odorata)*	HS/Sch	m	15	fett, feucht	Teilung, Ausläufer	Küche, Duft, Kosmetik, Medizin	Einzelne weiße, purpurne oder rosa Blüten über herzförmigen Blättern. Guter Bodendecker, verbreitet sich leicht.
Eberraute *(Artemisia abrotanum)*	S	m	90-150	durchlässig	Teilung, Ableger	Dekoration, Insektenschutz, Medizin	Fein eingeschlitzte Blätter sorgen für kontrastierende Struktur im Garten, unauffällige Blüten; buschig.
Echter Lavendel *(Lavandula angustifolia)*	S	m	60	sandig, süß	Ableger	Duft, Kosmetik, Küche, Medizin, Insektenschutz, Dekoration	Viele Kulturzüchtungen und andere Sorten. Diese ist die robusteste. Blütenähren in verschiedenen Violettönen, Weiß und Rosa. Gut geeignet für Einfassungen, Hecken, Töpfe.
Edelgamander *(Teucrium chamaedrys)*	S	m	30-60	gut, durchlässig	Teilung, Ableger	Medizin, Zierpflanze	Ausgezeichnete Heckenpflanze, wenn sie beschnitten wird. Rosa-purpurne Blütenwirtel; Blätter dunkelgrün, glänzend.
Eisenhut *(Aconitum)*	S/HS	m	60-120	fett, Mulch	Teilung	GIFTIG. Medizin, Zierpflanze	Mehrere Sorten in unterschiedlicher Höhe. Tiefviolette Blütentrauben; gezackte dunkelgrüne Blätter; Blüten im Spätsommer.
Engelwurz *(Angelica archangelica)*	S/HS	z	120-240	feucht, humushaltig, basisch	Samen, Selbstaussaat	Küche, Medizin, Färben, Kosmetik, Liköre	Hinten in der Rabatte; große, grünlich-weiße, kugelförmige Blüten, großzahnige Blätter. Blüten abschneiden, bevor sich Samen bilden, damit die Pflanze sich wie eine Mehrjährige verhält.
Estragon *(Artemisia dracunculus)*	S	m	60-90	durchlässig, fett	Teilung, Ableger	Küche	Dünne, spitze Blätter. In feuchtheißen Gegenden schwierig zu ziehen. Küchengarten.

Name	Standort	Typ	Höhe (cm)	Boden	Vermehrung	Verwendung	Bemerkungen
Färberhülse *(Baptisia australis)*	S/HS	m	90-120	gleichmäßig feucht, kalkfrei	Samen, Teilung, Selbstaussaat	Samenhülsen zum Dekorieren, Zierpflanze	Tiefblaue Blütenähren; leichte, luftige Blätter. Hübsche Samenhülsen nach der Blüte.
Fenchel *(Foeniculum vulgare dulce)*	S	m	90-150	gut	Samen, Selbstaussaat	Küche, Medizin, Kosmetik, Färben	Große, fedrige Blätter mit gelben Blütendolden. Blätter, Wurzel und Samen sind eßbar. Bronzefarbener Fenchel sieht in der Rabatte gut aus.
Fingerhut *(Digitalis)*	S/HS/ Sch	z/m	90-180	feucht, durchlässig	Samen, Teilung, Selbstaussaat	Medizin, Färben, Zierpflanze	Die Ähren mit glockenförmigen rosafarbenen, gelben oder weißen Blüten über Büscheln aus ovalen, rauhen Blättern sehen im Garten hübsch aus. Wächst in kälteren Gegenden bei direkter Sonneneinstrahlung.
Frauenmantel *(Alchemilla mollis)*	S/HS	m	40-70	fett, feucht	Teilung, Selbstaussaat	Medizin, Dekoration, Kosmetik	Winzige gelbgrüne Blütensträußchen über grünen, gefältelten Blättern. Besonders gut für Einfassungen geeignet. Frische oder getrocknete Blüten sehen in Gestecken schön aus.
Gartenkerbel *(Anthriscus cerefolium)*	HS	e/z	60	normal, feucht, humushaltig	Samen, Selbstaussaat	Küche	Kleine weiße Blütendolden, tief eingeschnittene Blätter. Säen Sie alle zwei Wochen aus.
Gartennelke *(Dianthus caryophyllus)*	S	m	30	fett, durchlässig	Ableger, Samen	Duft, Küche, Potpourris	Gibt Farbe am Rand der Rabatte. Schneiden Sie die Blüten ab, um die Blütezeit zu verlängern.
Gartensalbei *(Salvia officinalis)*	S	m	90	durchschnittlich, durchlässig	Teilung, Ableger	Küche, Medizin, Kosmetik, Zierpflanze Dekoration, Färben	Körnige, graugrüne Blätter und purpurfarbene Blütenähren, beide eßbar. Andere Sorten haben goldene oder rote Blätter.
Gartenthymian *(Thymus vulgaris)*	S/HS	m	45	trocken, durchlässig, leicht	Teilung, Ableger	Küche, Medizin, Kosmetik, Dekoration	Dies ist die robusteste Sorte, aber es gibt viele andere, von kriechenden Sorten wie wolliger Thymian *(T. pseudolanuginosus)* bis hin zum silberblättrigen Thymian *(T. citriodorus Argenteus)* und Zitronenthymian *(T. citriodorus)*. Läßt sich zur Hecke schneiden. Kleine Blätter auf holzigen Stielen. Endständige Büschel rosafarbener, purpurner oder weißer Blüten.
Gemeiner Baldrian *(Valeriana officinalis)*	S/HS	m	150-210	fett, feucht	Samen, Teilung, Selbstaussaat	Medizin, Zierpflanze	Farnähnliche Blätter; kräftige, hohle Stiele mit rosaweißen Blütenbüscheln.
Gemeiner Hopfen *(Humulus lupulus)*	S	m	3-6 m lange Triebe	humushaltig, durchlässig	Ableger	Medizin, Brauerei, Küche, Dekoration	Kräftige Rebe mit weinlaubähnlichen Blättern. Zapfenartige Blütenstände lassen sich an der Rebe zu Dekorationszwecken trocknen. Schlaffördernd. Goldblättrige Sorte erhältlich.
Goldrute *(Solidago)*	S/HS	m	90	alle	Samen, Teilung	Dekoration, Färben, Medizin	Viele Sorten mit unterschiedlichen Blütezeiten. Flauschige, goldene Blütenähren auf kräftigen Stengeln.
Heiligenkraut *(Santolina chamaecyparissus)*	S	m	45-60	leicht, durchlässig	Ableger	Duft, Mottenmittel, Dekoration, Färben	Fedrige, graue Blätter, die wie Korallen aussehen; leuchtendgelbe Knopfblüten. Läßt sich zu einer Hecke schneiden. *S. virens* hat hellgrüne, fedrige Blätter und cremefarbene Blüten.
Holunder *(Sambucus canadensis)*	S/HS	m	120-300	feucht, fett	Ableger, unterirdische Ausläufer	Küche, Kosmetik	Breite cremeweiße, eßbare Blütendolden, später viele dunkelviolette Beeren. Breitet sich aus
Kapuzinerkresse *(Tropaeolum majus)*	S/HS	e	15-30	durchschnittlich, durchlässig	Samen	Küche, Medizin, Zierpflanze	Kriechende oder kletternde Rebe mit runden Blättern; trichterförmige Blüten mit einem langen Sporn. *T. minus*, die Zwergform, klettert nicht. Blätter und Blüten haben einen scharfen, pfeffrigen Geschmack.

Name	Standort	Typ	Höhe (cm)	Boden	Vermehrung	Verwendung	Bemerkungen
Katzenminze *(Nepeta)*	S/HS	m	40-90	Einheitsboden, sandig, durchlässig	Ableger, Teilung, Selbstaussaat	Duft, Tee, Bäder, Medizin	Herzförmige, graue Blätter, purpurfarbene oder weiße Blütenähren. Gut geeignet für Einfassungen. Mehrere Sorten.
Königskerze *(Verbascum thapsus)*	S	z	180	trocken, durchschnittlich	Samen, Selbstaussaat	Medizin, Färben	Kerze mit gelben Blüten auf einem Stiel, der sich aus einer Rosette breiter, behaarter, grauer Blätter erhebt. Als Betonung in einer Rabatte oder im natürlichen Garten.
Koriander *(Coriandrum sativum)*	S/HS	e	30-45	mittel, durchlässig	Samen, Selbstaussaat	Küche	Alle zwei Wochen nachpflanzen. Wichtig in der Küche Asiens, Mexikos und des Nahen Ostens. Küchengarten.
Kümmel *(Carum carvi)*	S	z	40-90	durchlässig	Samen, Selbstaussaat	Küche	Weiße Blütendolden; fein geschlitzte Blätter. Wird hauptsächlich wegen seiner aromatischen Samen angebaut.
Liebstöckel *(Levisticum officinale)*	S	m	150	fruchtbar	Samen, Teilung	Küche, Medizin	Hohe, verzweigte Stengel mit großen gezahnten Blättern, Dolden mit winzigen gelben Blüten. Schmeckt und riecht nach Sellerie.
Lorbeer *(Laurus nobilis)*	S	m	150-300	nicht allzu fett, durchlässig	Ableger	Küche, Dekoration	Läßt sich als Kübelpflanze in kalten Gegenden ziehen, auch als Hochstamm; oder als Baum oder Hecke in warmen Gebieten.
Mädesüß *(Filipendula ulmaria)*	S/HS	m	90-240	feucht, durchlässig, fett	Teilung, Selbstaussaat	Medizin, Färben, Zierpflanze	Büschel mit cremefarbenen Blüten auf dünnen Stengeln, die sich aus einem Meer von langen, dunkelgrünen, farnähnlichen Blättern erheben.
Majoran *(Origanum majorana)*	S	m	30	leicht, durchlässig	Samen, Ableger, Teilung	Küche, Dekoration, Färben, Kosmetik	Krause, blaßgrüne Blätter; kleine, weiße Blüten. Wird normalerweise als Einjährige gezogen.
Marienblatt *(Chrysanthemum balsamita)*	S/HS	m	90-120	alle	Teilung, Wurzelausläufer	Duft, zweitrangiges Küchenkraut, Kosmetik	Ziemlich wuchernd; gelbe Knopfblüten; breite, gesägte Blätter. Fällt nach der Blüte unordentlich auseinander, wenn man es nicht zurückschneidet.
Minze *(Mentha)* Apfelminze *(M. suaveolens)* Bergamottminze *(M. piperita* var. *citrata)* Grüne Minze *(M. spicata)* Korsische Minze *(M. requienii)* Pfefferminze *(M. piperita)* Wasserminze *(M. aquatica* var. *crispa)*	S/HS	m	30-90	fett, feucht, durchlässig	Teilung	Küche, Medizin, Kosmetik, Duft	Endständige Ähren purpurfarbener, weißer oder rosafarbener Blüten. Gezahnte Blätter auf quadratischen Stielen. Wuchert. Guter Bodendecker für natürliche Landschaft, besonders die niedrigwachsende Korsische Minze. Viele Arten, der Geruch reicht von Frucht bis Schokolade. Pfefferminze ist als Insektenschutz bekannt. Bergamottminze ist Bestandteil von Kölnisch Wasser Da es sich um Kreuzzüchtungen handelt, ist eine genaue Identifikation schwierig.
Monarde *(Monarda didyma)*	S/HS	m	60-120	feucht, humushaltig	Teilung, Wurzelausläufer	Küche, Dekoration, Gestecke, Potpourris	Wundervolle zottige, eßbare Blüten in Rosa-, Rot-, Violett- und Weißtönen. Blätter schmecken nach Minze. Leicht wuchernd.
Muskatellersalbei *(Salvia sclarea)*	S	z/m	90-150	durchlässig, sandige Lehmerde	Selbstaussaat	Medizin, Küche, Kosmetik	Stengel mit blaßblauen, weißen oder rosafarbenen Blüten; sehen in der Rabatte hübsch aus. Blätter lassen sich gut fritieren; eßbare Blüten
Ochsenzunge *(Anchusa)*	S	m	90-120	fett, durchlässig	Teilung, Selbstaussaat	Färben	Mittlerer bis hinterer Teil der Rabatte; wunderschöne tiefblaue Blüten im Spätfrühling; mehrere Arten, *A. dropmore* ist die höchste.
Petersilie *(Petroselinum crispum)*	S/HS	z	30-45	gut, durchlässig	Samen, Kauf	Küche, Medizin, Färben	Gekrauste Blattbüschel ergeben eine hübsche Einfassung für den Küchengarten. Wird als einjährige Pflanze gezogen. *P. crispum* var. *neapolitanum*, glattblättrige „italienische“ Petersilie, hat ein kräftigeres Aroma.

Name	Standort	Typ	Höhe (cm)	Boden	Vermehrung	Verwendung	Bemerkungen
Pimpernell *(Poterium sanguisorba)*	S/HS	m	30	gut, durchlässig	Samen, Selbstaussaat	Küche	Farnartige Blattbüschel mit rötlich-grünen Blütenständen. Leichter Gurkengeschmack. Übermäßige Feuchtigkeit verursacht Stengelfäule.
Poleiminze *(Mentha pulegium)*	S/HS	m	30	fett, feucht, durchlässig	Teilung	Medizin, Insektenschutz	Gehört zur Familie der Minzen. Ausgezeichneter Bodendecker. Vertreibt Flöhe. Bei oraler Einnahme gefährlich.
Purpursonnenhut *(Echinacea purpurea)*	S/HS	m	60-100	normal, durchlässig	Teilung, Samen	Medizin, Blumengestecke, Zierpflanze	Viele blaßpurpurfarbene, margeritenähnliche Blüten rund um einen orangefarbenen Kegel. Paßt gut in den hinteren Bereich einer Rabatte oder in freigestaltete Gärten.
Rainfarn *(Tanacetum vulgare)*	S/HS	m	90-240	durchschnittlich, feucht	Teilung, Ableger	Kosmetik, Dekoration, Färben, Küche, Insektenschutz	Viele dunkelgrüne, farnähnliche Blätter mit gelben Knopfblüten. Wuchert; breitet sich durch Rhizome aus.
Raute *(Ruta graveolens)*	S	m	90	durchlässig	Samen, Ableger, Teilung	Ornamental, Dekoration, Medizin, aber Vorsicht, kann giftig sein.	Wird hauptsächlich wegen ihrer hübschen, blaugrünen Blätter und den getrockneten Samenköpfen gezogen. Kleine, gelbe Blüten. Viele Menschen reagieren auf die Blätter allergisch, die Blasen auf der Haut verursachen können.
Ringelblume *(Calendula officinalis)*	S/HS	e	45-70	fruchtbar, durchlässig	Samen, Selbstaussaat	Küche, Medizin, Kosmetik, Gestecke	Blaßgelbe bis dunkelorangefarbene, margeritenähnliche Blüten.
Römische Kamille *(Chamaemelum nobile)*	S/HS	m	25	leicht, trocken	Samen, Teilung	Tee, Kosmetik	Guter Bodendecker; feinfiedrige Blätter, winzige weiße, gänseblümchenähnliche Blüten. Apfelduft.
Rose *(Rosa)*	S/HS	m	60-600	durchlässig, durchschnittlich bis lehmig	Stecklinge	Duft, Küche, Kosmetik, Medizin, Zierpflanze	Siehe Kapitel über Rosen zu Informationen über die vielen Sorten und ihre Verwendung im Garten.
Rosmarin *(Rosmarinus officinalis)*	S	m	120-180	durchlässig, durchschnittlich	Ableger	Küche, Medizin, Kosmetik, Duft	Holzige Stiele mit nadelähnlichen Blättern und winzigen blauen oder weißen Blüten. Muß in kühlen Gegenden im Winter ins Haus gestellt werden. Aufrechtstehende und kriechende Sorten.
Schafgarbe *(Achillea millefolium)*	S	m	90	durchlässig, trocken	Teilung, Ableger	Medizin, Kosmetik, Dekoration	Ansprechende gelbe Blüten, dürreresistent. Läßt sich gut trocknen. Breitet und sät sich auch selbst aus.
Schlafmohn *(Papaver somniferus)*	S	e	90-100	fett	Samen	Küchensamen, Dekoration	Blüten in rosa, roten und purpurnen Schattierungen sorgen für Farbe im Garten. Graugrüne Blätter. Samenkapseln sehen in Trockengestecken schön aus.
Schnittlauch *(Allium schoenoprasum)*	S	m	40-60	feucht, fruchtbar, durchlässig	Samen, Teilung, Selbstaussaat	Küche, Blüten in Trockengestecken	Verwendbar für Einfassungen, rötlich-violette Blüten.
Seidenpflanze *(Asclepias tuberosa)*	S	m	40-90	durchlässig, sandig	Samen, Teilung	Dekoration, Färben	Büschel hellorangefarbener Blüten machen den Garten farbiger. Lockt Schmetterlinge an.
Seifenkraut *(Saponaria officinalis)*	S	m	60-75	durchschnittlich, durchlässig	Teilung, Ausläufer	Medizin, Seife, Zierpflanze	Blaßrosa Blüten, die an Phlox erinnern, wachsen auf einem einzelnen Stiel mit hellgrünen, spitzen Blättern. Stark wuchernd, ausgenommen die Arten mit gefüllten Blüten.
Steinquendel *(Calamintha nepetoides)*	S	m	45	Einheitsboden, durchlässig	Ableger, Selbstaussaat	Tee, Medizin	Duftende Blätter, winzige rosaweiße Blüten; für Rabatten und Steingärten geeignet.

Name	Standort	Typ	Höhe (cm)	Boden	Vermehrung	Verwendung	Bemerkungen
Stiefmütterchen *(Viola tricolor)*	S/HS	m	20	feucht, durchlässig, durchschnittlich	Selbstaussaat	Medizin, Dekoration, Küche	Winzige gelbe, purpurne und weiße Blüten. Verträgt keine Hitze.
Stockmalve *(Alcea rosea)*	S	e/z	120-180	gut durchlässig	Samen, Selbstaussaat	Dekoration, eßbare Blüten	Hohe Ähren eßbarer Blüten in verschiedenen Farben. Hübsch hinten in der Rabatte.
Sumpfdotterblume *(Caltha palustris)*	S/HS	m	30	feucht oder naß	Samen, Teilung	Medizin, Färben, Zierpflanze	Die butterblumenähnlichen Blüten schließen sich bei Sonnenuntergang. Herzförmige Blätter. Wächst gut an Flüssen, Teichen. Es gibt auch eine Sorte mit gefüllten Blüten.
Süßdolde *(Myrrhis odorata)*	HS/Sch	m	60-90	feucht, durchlässig, organisch	Teilung, Samen	Küche, Dekoration, Zierpflanze	Dunkelgrüne, farnähnliche Blätter mit weißen Blütendolden. Blüten, Wurzeln und Samen sind eßbar.
Vexiernelke *(Lychnis coronaria)*	S	m	60-90	durchlässig	Teilung, Selbstaussaat	Zierpflanze	Tiefrote Blüten mit silbergrauen Blättern. *L. coronaria alba* hat weiße Blüten.
Waldmeister *(Galium odoratum)*	Sch	m	20	feucht, sauer, organisch	Kauf, Selbstverbreitung	Tees, Liköre, Weine, Medizin, Färben, Duft	Guter Bodendecker für schattige Bereiche. Dunkelgrüne Blattwirtel; winzige weiße Blüten. Getrocknet riecht er nach Vanille.
Wasserdost *(Eupatorium purpureum)*	S/HS	m	120-180	feucht	Teilung	Medizin, Zierpflanze	Große purpurfarbene Blütenköpfe. Etwas wuchernd. Hinten in die Rabatte setzen.
Wermut *(Artemisia absinthium)*	HS/Sch	m	120	trocken, durchschnittlich, etwas Lehm	Teilung, Ableger	Liköre, Medizin, Insektenschutz, Dekoration	Geteilte, graue Blätter und unscheinbare Blüten. Beeinträchtigt möglicherweise das Wachstum benachbarter Pflanzen. Läßt sich gut für Kränze usw. trocknen.
Winterbohnenkraut *(Satureja montana)*	S	m	15-30	leicht, durchlässig	Samen, Ableger	Küche	Buschige Kissen aus kleinen, spitzen, dunkelgrünen Blättern; winzige weiße oder lilafarbene Blüten. Als niedrige Hecke geeignet. Pfefferkraut *(S. hortensis)* ist einjährig, hat einen feineren Geschmack und wird gelegentlich medizinisch angewendet.
Wollziest *(Stachys byzantina)*	S/HS	m	15-45	durchlässig, durchschnittlich	Teilung, Selbstaussaat	Dekoration	Hohe Stiele mit einer Ähre kleiner purpurfarbener Blüten ragen aus blaßgrauen, pelzigen Blättern dicht am Boden auf. Nützlich für Einfassungen. Sieht getrocknet hübsch aus. Breitet sich leicht aus.
Wucherblume *(Chrysanthemum parthenium)*	S/HS	m	5	durchschnittlich, durchlässig	Ableger, Teilung, Samen	Medizin, Dekoration, Färben, Insektenvertilger	Hübsch geschlitzte Blätter mit kleinen weißen, gänseblümchenähnlichen Blüten. Gefüllte und goldblättrige Sorten erhältlich.
Ysop *(Hyssopus officinalis)*	S	m	60	sandig, karg, trocken	Teilung, Ableger	Küche, Medizin	Gute Heckenpflanze. Rosafarbene oder blaue Blüten; kleine, glänzendgrüne Blätter.
Zitronenmelisse *(Melissa officinalis)*	S/Sch	m	60	durchlässig	Samen, Teilung, Selbstaussaat	Küche, Medizin, Kosmetik	Leuchtendgrüne Blätter mit kleinen, weißen Blütenähren. Eine goldene und nach Limone duftende Sorte gibt es ebenfalls.
Zitronenstrauch *(Aloysia triphylla)*	S	m	150-300	durchlässig	Ableger	Küche, Duft, Medizin	Schmale, spitze, hellgrüne Blätter; winzige zarte, weiße Blütenähren. Muß im Topf gezogen und im Winter ins Haus geholt werden.

Register